Redaktion/Lektorat: Hermann-J. Pölking

Cover: Jürgen Holtfreter
Herstellung und Layout: Helmut Albers
Herstellungsbüro, Bremen

Satz: Jung Satz Centrum, Lahnau
Lithografie: ATL Reprotechnik, Bremen
Druck: Fuldaer Verlagsanstalt

Auflage: 5-4-3-2-1
(letzte Ziffer nennt Auflage)
Erscheinungsjahr 1989 1988 1987
(letztes Jahr ist das Erscheinungsjahr)

ISBN 3-88520-232-8

ELEFANTEN PRESS Verlag GmbH
Postfach 30 30 80, 1 Berlin 30

ELEFANTEN PRESS Galerie
Zossener Str. 32, 1 Berlin 61

CIP-Kurztitelaufnahme der Deutschen Bibliothek

Die AVUS im Rückspiegel: Rennen, Rekorde, Rückstaus / Ulrich Kubisch; Gert Rietner. – 1. Aufl. – Berlin: Elefanten Press, 1987. (EP: 232: Reihe Verkehrskultur und -technik)
ISBN 3-88520-232-8

NE: Kubisch, Ulrich; Hrsg.; GT

BILDNACHWEIS

AAZ (Allgemeine Automobil-Zeitung)	3, 16, 19, 24, 25, 34
Autopress	4, 29, 30, 42
Bauwelt, Die	20, 21, 34, 37, 38, 39, 41, 49, 51, 52, 54, 55, 56, 60, 66, 80
Continental	7, 8, 16, 22, 30, 58, 69, 72, 82, 83, 106
Dürkopp	1, 22
GDA-Rundschau	44, 45
Landesbildstelle Berlin	4, 6, 9, 13, 58, 61, 77, 78, 79, 84, 85, 86, 89, 94, 96, 99, 102, 103, 106, 110
Daimler-Benz AG	7, 33, 71
Museum für Verkehr und Technik / Berlin	29, 65, 108
Wolfgang Mrotzkowski	97, 101, 107
Adam Opel AG	47
Staatsbibliothek Berlin	62, 63, 64
Stark, Otto	14
Archiv der Autoren	10, 15, 42, 74
Porsche AG	90, 108

Unser Dank gilt
der Zeitschrift »Die Bauwelt«
Continental Gummi-Werke AG, Hannover (Herrn Grabe)
Daimler-Benz AG, Stuttgart (Herrn Karnowski und Frau Feifel)
Bayrische Motoren Werke AG, München (Herrn Zollner)
Audi AG, Ingolstadt (Herrn Hornung)
Autopress, Neckarsulm (Frau Zartmann)
Museum für Verkehr und Technik, Berlin
ADAC, München (Herrn Mordhorst)
Dürkopp-Werke AG, Bielefeld (Frau Löhr)
Schröder & Weise, Hannover
Landesbildstelle Berlin (West)
Landesarchiv Berlin (West)
Staatsbibliothek Preußischer Kulturbesitz
Herbert Liman, Senatsbauverwaltung Berlin

KUBISCH/RIETNER

DIE AVUS IM RÜCKSPIEGEL

RENNEN
REKORDE
RÜCKSTAUS

Reihe Rollende Räder: ELEFANTEN PRESS

4

DIE GESCHICHTE LIEGT AUF DER STRASSE

Im Zusammenhang mit motorsportlichen Veranstaltungen erscheint die Avus nur noch zweimal im Jahr in den Schlagzeilen. In erster Linie sind es die Staus zu Beginn der Reisezeiten, wenn sich der Verkehr einen Weg ins Bundesgebiet bahnt und am Kontrollpunkt Drewitz, hinter Dreilinden in der DDR, nicht zügig genug abgefertigt wird. Unfälle und Bauarbeiten bringen die Avus ebenfalls durchschnittlich zweimal jährlich »ins Gerede«.

Der Motorsport, das wird jedenfalls deutlich, hat nur noch einen untergeordneten Stellenwert auf dieser Grunewaldstrekke mit der großen Vergangenheit. Auch als Verkehrsträger ist die Avus etwa im Vergleich zur Stadtautobahn zwischen Hohenzollerndamm und Funkturm nachrangig. Zehlendorfer benutzen sie auf dem Weg in die Innenstadt oder in nördliche Bezirke, Lastwagen fahren darauf zum Kontrollpunkt in Richtung Westen und Süden, aus Berlin hinaus.

Die Avus ist aber neben allem Zeitgeschehen auch ein Mythos, »Silberpfeile« von Mercedes und Auto-Union fallen einem ein und Namen wie Caracciola, Lang und Kling. In der Erinnerung der Älteren tauchen Lautsprecherdurchsagen über immer neue Rekorde auf, und in die Nase steigt der Geruch von verbranntem Rennbenzin, von heißem Öl und radierenden Reifen.

Betrachtet man die Geschichte der Avus aber wieder nüchtern, dann ähnelt vieles der Entwicklung des Deutschen Reiches und Berlins: für die damaligen Verhältnisse in der Idee groß angelegt, zu spät verwirklicht, fehlerhaft ausgeführt und letztlich – in ihren Aufgaben – geteilt; vergleichbar mit dem Reich, das sehr spät und nur durch Bismarcks Politik entstanden war, von den Nazis mißbraucht und letztlich von den Alliierten geteilt wurde.

Nein, eine richtige Rennstrecke war die Avus, trotz aller Umbauten, eigentlich nur für jeweils kurze Zeitabschnitte. Das konnte von ihr allerdings nach der Konzeption aus dem Jahr 1909 auch gar nicht erwartet werden. Geplant war sie dem Arbeitstitel nach eben als »Automobil-, Verkehrs- und Übungsstraße«, mehr nicht. Freilich war kurz nach der Jahrhundertwende noch nicht abzusehen, was sich in den nächsten 30 Jahren auf dem Gebiet der Kraftfahrzeugtechnik und des Verkehrs alles entwikkeln sollte, obwohl die Anlage, wäre sie tatsächlich 1909 entstanden, durchaus als sehr fortschrittlich gegolten hätte. Eine 20 Kilometer lange Strecke für Autos, die nur aus zwei miteinander verbundenen Geraden bestand, welche einen entsprechenden Anlauf zuließen, das war schon etwas, wovon die Automobil- und Motorradhersteller in Berlin und Umgebung träumen konnten.

Mehr als 100 solcher Firmen gab es im näheren Einzugsbereich der Reichshauptstadt, als noch Siemens (Protos) und AEG (NAG) wuchtige Automobile herstellten. Brennabor, in der Weimarer Zeit lange größter Hersteller im Reich, fabrizierte auch vor dem Ersten Weltkrieg schon in Brandenburg an der Havel, keine 60 Kilometer vom Grunewald entfernt.

Im ersten Jahrzehnt des gerade erst angebrochenen Jahrhunderts waren die Straßen gar nicht für den nun über sie hereinbrechenden motorisierten Verkehr eingerichtet. Denn für den Fernverkehr stand ja das mittlerweile gut ausgebaute Eisenbahnnetz zur Verfügung. Chausseen und Landstraßen dienten demgegenüber als Zubringer zur Bahn oder als Verbindung in die unmittelbare Umgebung, vergleichsweise selten rollten Karren und Kutschen längere Distanzen. Für diese Beanspruchung reichte es, die Straßen ohne feste Fahrbahn anzule-

Die AVUS ist nicht irgendeine Straße. Sie wurde der Prototyp der kreuzungsfreien, doppelspurigen Nur-Auto-Straßen für den Schnellverkehr. Die AVUS, einst – ohne schon diesen Namen zu tragen – die erste »Autobahn« der Welt, wurde zugleich zu einer mythischen Höchstgeschwindigkeitsstrecke hochstilisiert – ohne diesen Anspruch je erfüllen zu können. Rekorde waren seit Mitte der zwanziger Jahre auf dieser Straße selten – heute auch Rennen. In den fünfziger und sechziger Jahren wurde sie vielmehr für ihre Rückstaus berüchtigt. Die AVUS war und ist die Ausfallstraße der Westberliner nach Westen . . .

Links oben: Im Grunewald ist wieder einmal Holzauktion. Gewiß, dieses Foto stammt von 1940, als die Avus an den Berliner Ring angeschlossen wurde. So ähnlich kann man sich aber auch die Auswirkungen des Baus, der 1913 weiter nördlich begann, vorstellen. Nicht alle Berliner waren davon begeistert, Naturschützer klagten auch damals schon über die Zerstörung stadtnahen Grüns.
Unten: Avusrennen 1923. Der NSU-Fahrer Scholl wird Zweiter. Im Hintergrund rechts sieht man das Verwaltungsgebäude im Bau. Es wird 1924 fertiggestellt.

gen, der Boden wurde lediglich verdichtet. Oft waren sie auch nur einspurig angelegt, denn erst wenn sie einen stärkeren Verkehr tragen mußten, legte man sie breiter an. Gepflasterte Chausseen gar blieben die Ausnahme. Pflaster gab es normalerweise nur in den Städten und Gemeinden. Pferdefuhrwerke, Radler und Fußgänger bildeten den Verkehr, in den das schnellere Automobil als Gefahr eindrang. Wenn zu den frühen Automobilrennen ein Straßenkurs gesperrt wurde, brach meist der öffentliche Verkehr zusammen. Deshalb träumten Industrie und Autosportler von einer kreuzungsfreien Nur-Auto-Straße, die, wo sollte sie sonst entstehen, dicht an der Reichshauptstadt liegen sollte, denn hier fanden mittlerweile alljährlich Autoausstellungen statt und zudem saß in Berlin der kaiserliche Hof, auf den es zur Entwicklung einer entsprechenden Infrastruktur auch Einfluß zu nehmen galt.

Als die Avus nach Kriegswirren und Kapp-Putsch schließlich eröffnet wurde, hatte die Fahrzeugtechnik schon eine ganz andere Entwicklungsstufe erreicht. Sicher, auch in diesen Jahren ging es darum, zu testen, wann die Motoren bei einer Dauerprüfung die Kolben hängen ließen. Und auch die Fahrwerke waren, wie etliche Unfälle der ersten Avus-Jahre zeigten, zu verbessern. Doch bald waren Werkstoffe und Bearbeitungstechniken gefunden und daraus Motoren entwickelt, die nicht so schnell schlapp machten, sondern Mängel an der Strecke offenlegten.

Die Avus war nämlich bald ein auch für damalige Verhältnisse übler Holperpfad, der schon 1926 aus dem Rennverkehr gezogen wurde. 1927 eröffnete der Nürburgring, der mit seinen Kurven und Steigungen nicht nur fahrerisch interessant war, sondern auch bessere Bedingungen für die Weiterentwicklung von Fahrgestellen ermöglichte.

Damit begann die Avus ihre zweite, wichtigere Karriere: sie wurde zum Freiluftlaboratorium der Straßenbauindustrie. Auf ihr wurde ein großer Teil der Erkenntnisse und Grundlagen erarbeitet, die nachher die Nazis so effektiv für die »Straßen des Führers«, für die Autobahnen zu nutzen wußten. Aufwendige Straßenbaumaschinen wie zum Beispiel Straßenfertiger für den Teerbeton- und für den Betonstraßenbau

Oben: Leipziger Platz in den zwanziger Jahren. Im Haus Nummer 16 wurde am 23. Januar 1909 die Avus-Gesellschaft gegründet. Rechts: Thema mit Variationen. Von 1921 bis 1937 durchfuhren die Rennwagen am nördlichen Ende der Avus eine Flachkurve. Erst ab 1937 (bis 1969) wurde die Wende steil genommen.

MERCEDES-BENZ
BOSCH IM AUTO
F.W. WEBER

wurden an der Avus entwickelt und erprobt.

Erst zu Beginn der dreißiger Jahre war die Grunewaldstrecke in einem Zustand, der den Geschwindigkeiten der damaligen Rennwagen angemessen war. Es dauerte aber nur kurze Zeit, da hatten die Karosserieschneider mit ihren Stromlinienverkleidungen den Vorsprung der Avus wieder wettgemacht: die zuvor noch unförmigen »Rennbolzen« verschwanden unter windschnittigen Kleidern, die Geschwindigkeiten stiegen sprunghaft. Die Avus blieb erneut auf der Strecke.

Der Sport hatte ganz allgemein in der Propaganda der Nazis einen hohen Stellenwert. Die Art, wie die Olympischen Spiele 1936 zur Darstellung des wiedererstarkten Deutschlands vor der Weltöffentlichkeit präsentiert wurden, verdeutlicht die Wichtigkeit des noch-zivilen Wettstreits für die Machthaber. Ähnliches galt für den Motorsport, der auch nach innen die »geistige« Mobilmachung, der bald die militärische folgen sollte, unterstützte. Denn der Spaß an der Technik ließ sich leicht für jenes Anwendungsgebiet ausnutzen, das die Nazis im Sinn hatten. Konsequenterweise mußte die Avus zur Rennstrecke stilisiert werden, die die höchsten Rundengeschwindigkeiten zuließ. Die berühmte und nach Unfällen auch berüchtigte Nordkurve sollte von 1937 an diesen Anspruch rechtfertigen.

Die gigantomanen Umbaupläne der Nazis für Berlin, aber auch die 1938 beginnenden Annektionen sowie die letzten Kriegs-

vorbereitungen degradierten die Avus 1940 schließlich zu einem reinen Zubringer für den herkömmlichen Straßenverkehr. Da Treibstoff zu Kriegsausbruch rationiert worden war, floß dieser Verkehr schon spärlicher.

Allen Versuchen, die Avus nach Kriegsende als Rennstrecke wiederzubeleben zum Trotz, bekam die Funktion als Anbindung für die südwestlichen Außenbezirke und als Teil der Nabelschnur zur Bundesrepublik immer mehr Bedeutung. Als Anfang der siebziger Jahre auch Umweltprobleme immer deutlicher in das Bewußtsein der »Insulaner« drangen, blieb von der Avus nichts anderes mehr übrig, als eine zweitklassige Strecke für Wettbewerbe und eine gut ausgebaute Verkehrsverbindung, die pro Tag von etwa 45 000 Autofahrern benutzt wird. Zum Vergleich: am Tunnel unter dem Rathenauplatz werden täglich rund 150 000 Kraftfahrzeuge gezählt, dieser Teil des Stadtautobahn-Westringes ist allerdings auch die am stärksten genutzte Autobahn im gesamten Bundesgebiet.

Dieses Buch soll also nicht allein über Rennen und Rekorde berichten; die Geschichte der Avus ist wesentlich reicher. Um die Zusammenhänge, um den Wert der Avus im Rahmen der Entwicklung von Straßen, Fahrzeugen und des Straßenverkehrs zu verdeutlichen, muß oft etwas weiter ausgeholt werden. Erst dem zusammenhängenden Blick erschließt sich die Geschichte dieser ersten deutschen Nur-Auto-Straße durch den Grunewald.

Links: Reifenberg für das Rennen von 1935. Mercedes-Benz, hier mit Reifen von Continental ausgerüstet, hat sich auf das Rennen gut vorbereitet.
Oben: 50 Jahre Avus. Am 4. Juli 1971 wird es wieder laut in Eichkamp.

NUR-AUTO-STRASSE

Befürworter und Gegner des neuen Sports waren sich einig: so konnte es nicht mehr lange weitergehen. Als am 17. Juni 1907 im Taunus die Motoren knatterten – Kaiser Wilhelm II. hatte zum großen, internationalen preisrennen aufgerufen – mußten wichtige Verbindungsstraßen in dem Mittelgebirge bei Frankfurt gesperrt werden. Der öffentliche Verkehr kam zum Erliegen. Jener Teil der Bevölkerung, der dem Automobilismus ohnehin zwiespältig gegenüberstand, begann zu murren. Aber auch die sich langsam entwickelnde Industrie und die ständig wachsende Zahl der »Autler«, wie die Motorsportenthusiasten damals genannt wurden, wünschten sich eine Strecke, auf der die neuesten technischen Fortschritte ohne Beeinträchtigung durch Fuhrwerke, Radler und Fußgänger getestet werden konnten.

Die aufkeimende Lobby hatte einen hochrangigen Fürsprecher: den Prinzen Heinrich, den jüngeren Bruder des Kaisers.

Er hatte es auch bewirkt, daß der als Pferdenarr bekannte Monarch den Kaiserpreis auslobte, obwohl Wilhelm den Autos eigentlich recht skeptisch gegenüberstand, denn militärisch waren die »Knatterbüchsen« verglichen mit der Kavallerie zum damaligen Zeitpunkt noch ohne Belang. Das Ergebnis des Rennens 1907 war für national gesinnte Gemüter niederschmetternd: kein kaiserlicher Untertan zerriß das Zielband, ein Italiener war's, Nazarro auf einem Fiat.

Das wurmte Wilhelm II. und bestärkte den Prinzen Heinrich in seinem Einsatz für die Entwicklung von Automobilindustrie und -infrastruktur. In seiner Begeisterung für die Schnauferl beseitigte er etliche Hemmnisse gegen die Ausbreitung der Motorfahrzeuge. So setzte er sich zum Beispiel für die Einführung eines Haftpflichtgesetzes ein, das nicht von vornherein vom Autofahrer die Schadensregulierung forderte, sondern *»beiden Teilen gerecht«* werden sollte.

Eine rechtliche Klärung der Haftungsfrage war dringend notwendig geworden, denn die seit dem 1. Oktober 1906 geführte Statistik über Verkehrsunfälle hatte schon im ersten Berichtsjahr erschreckende Zahlen erbracht. Bei rund 27 000 im Deutschen Reich zugelassenen Wagen hatte es knapp 5000 Unfälle mit 145 Toten und etwa 2500 Verletzten gegeben. Insgesamt waren zu einem Drittel Fußgänger und Radfahrer sowie zu einem Viertel Reiter und Fuhrwerke an den Schadensfällen beteiligt gewesen. Kraftfahrzeuge untereinander kollidierten 196mal, davon allein 152mal in Berlin, der Stadt mit der höchsten Fahrzeugdichte im Reich. Als besonders gefährlich galten die Autos über 40 PS. Zwar gab es in Deutschland nur 56 dieser für damalige Verhältnisse starken Wagen, doch waren gerade sie 48mal in Unfälle verwickelt.[1]

In dem neuen Straßenverkehrsgesetz sollte ausgeschlossen werden, daß der Kraftfahrer für jeden Schaden haftbar gemacht wurde. Denn wenn, was damals oft geschah, Pferde schon aufgrund des Motorengeräusches durchgehen, dann sollte das nicht dem Autofahrer angelastet werden. Noch heute gibt es beispielsweise die Klausel des unabwendbaren Ereignisses, die bestimmt, daß *»ein Ereignis insbesondere dann als unabwendbar gilt, wenn der Unfall auf das Verhalten des Verletzten zurückzuführen ist und sowohl der Halter als auch der Führer des Fahrzeugs jede nach den Umständen des Falles gebotene Sorgfalt beobachtet hat«.*[2] Das Gesetz über den Verkehr mit Kraftfahrzeugen trat nach langer Parlamentsdiskussion am 3. Mai 1909 in Kraft.

Mit diesem Gesetz trug das Parlament dem nicht mehr zurückzuhaltenden Fort-

Berlin und Frankfurt waren die Städte mit dem dichtesten Autoverkehr in Deutschland. Kein Wunder, daß in der Reichshauptstadt Automobilbegeisterte – unter ihnen der Kaiser-Bruder und Mützenträger Prinz Heinrich – darangingen, dem neuen Fortbewegungsmittel die passende Grundlage zu schaffen: eine asphaltierte Nur-Auto-Straße. Am 23. Januar 1909 wurde in den Räumen des Kaiserlichen Automobilclubs am Leipziger Platz die »Automobil-Verkehrs- und Übungsstraße GmbH« gegründet.

Linke Seite, oben: 1907 im Taunus. Hier ein Blick in das Fahrerlager beim Kaiserpreisrennen. Unten: Für die Rennen mußten Landstraßen gesperrt werden. Dort und in den Dörfern brach der sonstige Verkehr zusammen. Wie beim Ardennen-Rennen 1906 zu sehen ist, wirbelten die Fahrer viel Staub auf.

AUTOMOBIL-VERKEHRS- UND UEBUNGSSTRASSE
AKTIENGESELLSCHAFT

Fernsprecher: Uhland 388, 9765

Bankkonto: Commerz- u. Privatbank
Depos.-Kasse YZ, Kaiserdamm 95

Postscheckamt: Berlin Nr. 59360

CHARLOTTENBURG 5, den 20. April 1926
Verlängerte Königin-Elisabethstr.

Telegramm-Adresse: Motorbahn

Titl.

D. B.!

Städtische Baupolizei

Bln./Wilmersdorf

H.R./Dr.

Kaiserallee 1/12.

Stelle XXIV
Eing. 20 APR. 1926
Geschäftsz.

Betrifft: A V U S - T a n k s t e l l e .

schritt im Automobilbau Rechnung. Noch 1897 hatten die motorisierten Vehikel nicht nur nach der Karosserieform den herkömmlichen Kutschen geglichen, mit ihren fünf Pferdestärken waren sie auch nicht schneller. Die Geschwindigkeiten in der Ebene betrugen damals etwa 35 km/h, das schafften auch Hafermotoren in der entsprechenden Zahl vor der Kutsche. Nun hatten aber Verbrennungsmotoren im wohlhabenden Adel und im gehobenen Bürgertum gezündet, der Zündfunke entlud sich in einem Verein: dem *Mitteleuropäischen Motorsportwagenverein.*

DAS AUTO SETZT SICH DURCH

Die Vereinsgründung feierte man standes- und sinngemäß mit einer Ausfahrt durch den Grunewald. Dieses erste Mal war es noch purer Spaß, der die Fahrt beherrschte, eine Wertung fand noch nicht statt. Die Uhren der Zeitnehmer begannen erst ein Jahr darauf, 1898, zu ticken, als im Rahmen der Automobilschau auf dem Moabiter Landesausstellungspark am 24. Mai eine Fahrt Berlin–Potsdam–Berlin zum Rennen deklariert wurde. Die 54 Kilometer lange Strecke legte ein englisches Humber-Dreirad in zwei Stunden und achteinhalb Minuten zurück, was einer Durchschnittsgeschwindigkeit von 25 km/h entsprach. Am Folgetag ging es sogar auf eine dreitägige, insgesamt 387 Kilometer lange Tour nach Leipzig und zurück.[3]

Kaum war die Jahrhundertwende vorbei, machte der Automobilbau gleichsam Sprünge. Der 1902 von Daimler vorgestellte »Simplex« brachte es auf 40 PS. Dieses Modell war übrigens das erste, das unter dem Namen »Mercedes« lief. Die Tochter des Daimler-Verkaufsleiters in Frankreich, Jellinek, hatte Patin gestanden. Jellinek, österreichischer Generalkonsul und Kaufmann, war von der völligen Neukonstruktion, die Daimlers Cheftechniker Maybach schon mit dem »Sport- und Tourenwagen 35 PS« ein Jahr zuvor auf die Räder gestellt hatte, begeistert. Diese Leistung mußte allerdings aus knapp sechs Litern Hubraum geholt werden. In Nizza hatte der Wagen eine Spitzengeschwindigkeit von 86 km/h vorgeführt und damit sowie durch sein schönes Aussehen die Verkaufsaussichten für Jellineks Daimler-Generalvertretung beflügelt.

1904 überraschte sogar ein herkömmliches NSU-Motorrad die Fachwelt, es war mit 72,5 km/h gestoppt worden. Doch nicht nur die Geschwindigkeit, auch die Zuverlässigkeit der Kraftfahrzeuge stieg beachtlich. 1907 heimste Fürst Borghese als Sieger der Fernfahrt Peking–Paris Ruhm ein, sein offener 45-PS-Wagen der italienischen Nobelmarke »Itala« hatte die 17 000 Kilometer lange Tour ohne Motorpanne zurückgelegt.

Allerdings war das automobile Vergnügen beschwerlich, der Chauffeur mußte den Kraftstoff meist von Apotheken holen, Tankstellen gab es noch nicht. Und den Chauffeur brauchte man auch dann, wenn man als »Herrenfahrer« unterwegs war, denn kleinere Reparaturen fielen häufig an. Die Kosten für das ganze Drum und Dran erreichten Summen, von denen ein Arbeiter noch nicht einmal träumen durfte. Denn von seinen rund 20 Mark Wochenlohn konnten weder die mehr als 5 000 Mark für ein Auto zusammengespart werden, noch war er in der Lage, die immensen Betriebskosten aufzubringen, die ein Auto verschlang. Sie konnten leicht noch einmal mehr als 10 000 Mark im Jahr erreichen. Angesichts der überall herumliegenden Hufnägel schlugen die Reifen besonders teuer zu Buche.

FÜR LANDSTRASSEN SCHON ZU SCHNELL

In wenigen Jahren hatte die Fahrzeugtechnik die 100-km/h-Marke erreicht und überwunden. 1911 trat Benz mit einem 200-PS-Wagen in Daytona/Florida an und drückte den Weltrekord auf damals unvorstellbare 229 km/h hoch. Solche Geschwindigkeiten waren auf Chausseen, auch wenn sie für das Rennen gesperrt wurden, nicht zu fahren. Das hatte sich insbesondere bei Wettbewerben in Frankreich gezeigt. Schon 1903 war nach einer Unfallserie die Fernfahrt Paris–Madrid in Bordeaux abgebrochen worden. Als sich ähnliche Gefahren in Deutschland abzuzeichnen begannen, beschloß eine Gruppe von Motorsportbegeisterten unter der Führung des Konsuls Carl-Otto Fritsch, eine Nur-Auto-Straße zu bauen. In den Räumen des Kaiserlichen Automobilclubs, Leipziger Platz 16, wurde am 23. Januar 1909 eine Gesellschaft gegründet. Sie trug den Titel »Automobil-Verkehrs- und Übungsstraße GmbH«.

Nordkurve, 1. Fassung. Über 200 Meter durchmaß die Flachkurve, die in Halensee von 1921 bis 1937 die Rennwagen in ihre Bahn zog. Das Einfahrtgebäude wurde sogar erst von den Bomben des 2. Weltkrieges zertrümmert.

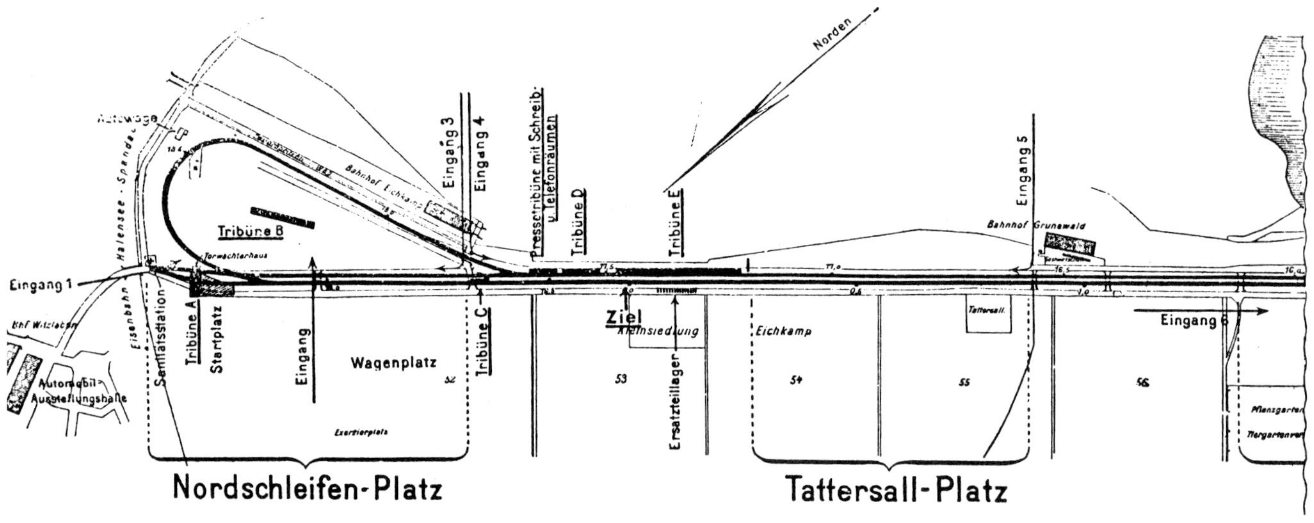

Auszug aus der Satzung der Automobil-Verkehrs- und Übungs-Straße Aktiengesellschaft zu Berlin.
§ 1.
Die Gesellschaft hat die Firma: Automobil-Verkehrs- und Übungs-Straße Aktiengesellschaft.
Ihr Sitz ist Berlin.
§ 2.
Gegenstand des Unternehmens ist der Bau und der Betrieb von Verkehrs- und Übungs-Straßen für Automobile im Deutschen Reich, die Benutzung des Bahngeländes zu Sport-, Übungs- und Verkehrszwecken sowie der Betrieb von Sport- und Verkehrsveranstaltungen aller Art, und zwar auch auf dem Gebiete der Luftschiffahrt. Insbesondere bildet den Gegenstand des Unternehmens der Erwerb und die Fortsetzung des von der Automobil-Verkehrs- und Übungs-Straße Gesellschaft mit beschränkter Haftung zu Berlin begonnenen Unternehmens und die Durchführung des von dieser Gesellschaft mit dem Königlich Preußischen Forstfiskus am 15. Februar 6. März 1913 abgeschlossenen Pachtvertrages.
Die Gesellschaft ist befugt, zur Erreichung ihrer Zwecke Grundstücke zu erwerben und zu pachten.
Die Gesellschaft kann sich auch an anderen Unternehmungen der vorbezeichneten Art beteiligen.

ANFANGS-SLALOM

Diese Idee lag nicht zuletzt nach den Erfahrungen beim Kaiserpreisrennen im Taunus sozusagen auf der Straße. Auch in anderen Gegenden des Deutschen Reiches hatte es Anregungen und Vorschläge zum Bau einer solchen Straße gegeben. Die Wiesbadener Behörden arbeiteten an einem »Taunusprojekt« in Westfalen, Elsaß-Lothringen, Aachen, ja sogar in Schlesien stellte man solche Überlegungen an.

Den stärksten Kraftfahrzeugverkehr gab es zu dieser Zeit aber in zwei Metropolen, in Frankfurt am Main und in Berlin. Die Reichshauptstadt Berlin hatte damals immerhin schon einen Gesamtbestand von 6500 Kraftfahrzeugen und eine ganze Reihe von Industriebetrieben, die sich von diesem, innerhalb zweier Jahrzehnte erblühten Geschäft einiges versprachen. Kurz, Berlin machte das Avus-Rennen.

Dieses Rennen um die Avus glich zunächst eher einem Slalom. Als geeignetes Gelände hatte sich die Gesellschaft den Grunewald zwischen dem Teltowkanal und Charlottenburg ausgeguckt. Der Wald gehörte vor der Gebietsreform 1920 dem Ministerium für Landwirtschaft und Forsten und wurde vom Kreis Teltow verwaltet. Zunächst holten die Gesellschafter die Genehmigung des Ministeriums ein, den Waldstreifen dicht an der Eisenbahnlinie nach Potsdam für 30 Jahre zu pachten. Mit dieser Zustimmung klopfte die Gesellschaft bei der Reichsbahndirektion an, die – als unmittelbarer Nachbar – ebenfalls ihr Plazet geben mußte. Dort erhielt sie zunächst eine Absage, mit der sie sich verständlicherweise nicht zufrieden gab. Man kontaktierte den preußischen Eisenbahnminister von Breitenbach direkt, der die Autler nicht als Konkurrenz ansah. Er befürwortete das Projekt unter der Bedingung, daß mit dem Gelände nicht spekuliert wird. Da die Avus-Gesellschafter bekundeten, daß sie nie solche Absichten gehegt hatten, zeigte sich von Breitenbach sogar bereit, einen technischen Entwurf für die Strecke von seiner Verwaltung erarbeiten zu lassen.

Kaum waren alle behördlichen Klippen umschifft, da kam der nächste Schlag. Man hatte das Projekt nämlich nicht der Öffentlichkeit vorgestellt. Die Presse bekam Wind von der Planung, das Vorhaben wurde von der Bevölkerung abgelehnt. Erst jetzt änderte der Avus-Vorstand seine Taktik und »verkaufte« den Plan auf Vorträgen und Diskussionen als *»wertvolle Bereicherung des Berliner Straßennetzes«*. Betont wurde jetzt die Funktion der Avus als Erschließungsmöglichkeit für Wannsee und die Gebiete um Potsdam und Babelsberg. Teltows sehr engagierter Stadtrat von Achenbach unterstützte dieses Argument. Er ließ eine der ersten Kraftfahrzeug-Verkehrszählungen im Deutschen Reich vornehmen.[4] Die Zehlendorfer Polizei wurde beauftragt, am Sonntag, dem 11. Juli 1909 in der Zeit von 7 bis 23 Uhr alle Kraftfahrzeuge zu erfassen, die auf der Strecke Königsweg/Kronprinzessinnenweg unterwegs waren. Knapp 500 Fahrzeuge wurden ermittelt, und da das Wetter schlecht war, schätzte man die Verkehrsbelastung bei guter Witterung auf das Doppelte. Damit änderte sich die öffentliche Meinung, die Behörden konnten die Erlaubnis für den Bau der Avus erteilen.[5]

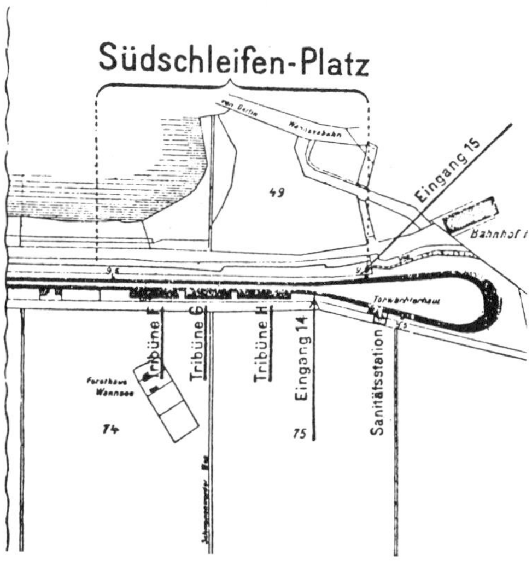

Die Eisenbahnverwaltung hielt ihr Versprechen und erarbeitete unter dem Titel *»Denkschrift und Erläuterungsbericht zu dem Entwurf der Automobil-, Verkehrs- und Übungsstraße im Grunewald«* im Juli 1911 einen Kostenvoranschlag. Gut 6,8 Millionen Reichsmark, ein für die Zeit recht happiger Betrag, standen unter dem letzten Strich der Rechnung. Für den ersten Teil der Strecke zwischen Charlottenburg und Beelitzhof bei Nikolassee hatten die Eisenbahner drei Millionen Mark errechnet. Da das Geld selbst für das kürzere Stück nicht so locker saß, sparte man außerdem an der Breite der beiden Richtungsfahrbahnen. Sie sollten ursprünglich zwölf Meter breit sein, man mußte nun mit acht Metern auskommen. Der Mittelstreifen behielt seine Breite von acht Metern.

DAS GELD REICHT NICHT

Das Startkapital der Avus betrug 1909 ganze 500 000 Reichsmark, also ein Sechstel der notwendigen Summe. Der Versuch, den Magistrat von Berlin um eine Beihilfe anzugehen, scheiterte an seinem Desinteresse. Mehr Entgegenkommen zeigten die Verwaltungen der Gemeinde Charlottenburg und des Kreises Teltow. Achenbach sprang ein, als er gebeten wurde, 250 000 Mark in Obligationen oder Prioritätsaktien zu zeichnen.

Die Bewilligung, die das Teltower Kreisparlament schließlich im Februar 1913 erteilte, wurde, dies sei hier schon vorweggenommen, schlecht belohnt. Denn 1920 hatte die Avus-Gesellschaft erst 36 000 Mark zurückgezahlt. Als Teltow nach der Gebietsreform die Verwaltung des Grunewaldes verlor, wurde das Vertragsverhältnis gelöst.

Die Trasse bis 1937. Zwei Geraden, verbunden durch zwei Kurven, mehr war die Avus eigentlich nie. In der Anfangszeit kam es allerdings darauf an zu testen, wie lange die Motoren das relativ hohe Tempo mitmachen, ohne die Kolben hängen zu lassen.

Die Kreiskasse Teltow erhielt zwei Jahre später 210 000 Mark als Auszahlung. Zu diesem Zeitpunkt war freilich schon der Industriebaron Hugo Stinnes Chef der Avus, und Stinnes wußte, wie so viele Industrielle, wann man eine Schuld besonders günstig abträgt – nämlich in der Inflation. Da waren die 210 000 Mark Papiergeld so gut wie Makulatur. Billiger kam Charlottenburg davon, das in das Avus-Abenteuer 1913 nur 75 000 Mark als Übernahme jährlicher Zinsgarantien investiert hatte.

Am 14. Juni 1913 schließlich, als mit dem Bau begonnen wurde, war die GmbH in eine Aktiengesellschaft umgewandelt und verfügte über 1 Million Mark. Man vergaß nicht, sich vom Staat eine Sondergenehmigung einzuholen, die dazu berechtigte, von den Autofahrern für die Benutzung der Strecke ein Wegegeld zu nehmen.

CONTINENTAL BALLON

STINNES STEIGT EIN

Knapp 60 Hektar Wald wurden gerodet, die Stubben gezogen, Feldbahnen schnauften durch den Wald und brachten Baumaterial für die neun Doppelbrücken, eine einfache Brücke sowie für 20 Kilometer zweibahnigen Straßenunterbau. Gärtner und Landschaftsplaner standen unter Vertrag, damit die Avus *»harmonisch in die Landschaft eingefügt werden«* konnte. Dieses Zugeständnis hatte die Bauleitung jenen Kritikern gemacht, die von einem »Baummord« im Grunewald gerufen hatten. Außerdem war vorgesehen, die Trasse gegen Wildwechsel einzuzäunen, was später allerdings aus Geldmangel scheiterte.

Zu Kriegsbeginn im August 1914 lag die Trasse schon recht ansehnlich im Wald, an einigen Stellen hatte sie schon den Teer-Splitt-Belag der Fahrbahn, 240 Meter waren aus Versuchsgründen in Betonbauweise hergestellt worden. Jetzt, kurz vor Fertigstellung, wollte die Geschäftsleitung der Avus nicht die Schaufel ins Feld werfen und die Arbeiter in das selbige ziehen lassen. Man bemühte sich um Zwangsarbeiter, also um Kriegsgefangene. Obwohl dieser Versuch weiterzubauen fehlschlug, wußten die Aktionäre, daß die Idee, die sie verwirklichen wollten, eine Zukunft hatte. So heißt es im Geschäftsbericht der Gesellschaft aus dem Jahre 1915: *»Wir können mit Befriedigung feststellen, daß sich bei den Behörden das Interesse für unsere Straße erheblich gesteigert hat, weil sich im Laufe des Krieges die außerordentliche Wichtigkeit von Automobil-Ausfallstraßen zur schnellen Beförderung großer Truppenteile erwiesen hat. Wir legen daher größten Wert darauf, die Straße nach dem Krieg sofort dem Verkehr zu übergeben, zumal dieselbe als Musteranlage für neu zu erbauende Automobil-Heerstraßen dienen wird.«* Damals teilten die Militärs die Auffassung der Avus-Leitung noch nicht, befürchteten sie doch, daß feindliche Flieger die Straßen als Leitpfade zu größeren Städten nutzen könnten. Unter den Nazis allerdings setzten sich die Heeresgeneräle mit eben jenem Hinweis auf den schnellen Truppentransport durch.[6]

1916 wurde es still um die Avus. In der Schlacht um Verdun zerfleischten sich die Menschen und wer nicht von Schrappnells oder von Maschinengewehrsalven getötet wurde, kam durch die neuentwickelten Giftgase um, das die Mächte jetzt verstärkt einsetzten. Verwüstung und Zerstörung waren angesagt. Auch in den Wirren der Nachkriegszeit konnte man zunächst an einen Weiterbau nicht denken. Der spätere Avus-Direktor Hellmuth Reiners drückte es in einem Aufsatz 1939 aus NS-Sicht so aus: *»In dem Chaos 1918 und 1919, in dem alles, was nicht im Sinne der breiten Masse zu sein schien, grundsätzlich bekämpft wurde, bedeutete eine gebührenpflichtige Automobilstraße für den oberflächlichen Betrachter eine ausgesprochene Luxusstraße für die Reichen, also nach damaliger Auffassung eine Herausforderung.«*

Diese Herausforderung nahm bald darauf, aus einem ganz anderen Blickwinkel heraus, Hugo Stinnes an. Er steckte wiederum Geld in das Unternehmen, was nach dem Zweiten Weltkrieg bis zum Juli 1966 noch ein interessantes Nachspiel vor den Rückerstattungsgerichten haben sollte.

Der 1937 in die USA gegangene Sohn Edmund des 1924 gestorbenen Avus-Haupteigners Hugo Stinnes beantragte gleich nach Kriegsende in einem durch drei Instanzen geführten Verfahren die Herausgabe der Rennstrecke oder die Zahlung eines Schadenersatzes. Edmund Stinnes machte geltend, daß er zum Teil direkt und zum Teil über Firmen, die ihm gehörten, Eigentümer des gesamten Aktienkapitals des Unterneh-

1913 wurde mit dem Bau der AVUS begonnen. Der 1. Weltkrieg verzögerte ihre Fertigstellung. Aber in den zwanziger Jahren wurde die Straße zu einem »Freilichtlaboratorium« – nicht nur für die Automobilindustrie und Reifenhersteller, sondern vor allem für die Straßenbauer. Sie testeten Straßenprofile und -beläge.

Linke Seite, oben: Opel auf dem Weg zum Sieg 1921.
Unten: Zahlstelle. Auch im Süden, bei Nikolassee, befand sich eine Einfahrtstelle, an der die Autofahrer eine »Eintrittskarte« lösen mußten.

mens Avus gewesen sei, das die Nazis von 1938 bis 1940 »verreichlichten« und der reichseigenen Trägergesellschaft »Reichsautobahnen« zuschlugen. Verhandlungen über einen Verkauf seien unter diskriminierendem Zwang verlaufen, da er wegen seiner »bekannten Gegnerschaft zum Nationalsozialismus« sowie wegen seiner halbjüdischen Frau von der Gestapo bedroht gewesen sei. Die »Geheime Staatspolizei« soll damals beabsichtigt haben, ihn in ein Konzentrationslager zu verschleppen. Die in dem Rückerstattungsverfahren Beklagten, das »Deutsche Reich, Reichsautobahnen«, vertreten durch den Bundesfinanzminister und das Land Berlin führten demgegenüber aus, daß der Besitz schließlich nicht ohne Entschädigung enteignet worden sei. Das Reich hatte einen Betrag von 2,8 Millionen Mark zuzüglich einer Spesen- und Steuerpauschale in Höhe von 204 000 Mark gezahlt. Diese Summe sei als angemessen zu betrachten, gaben die Behördenvertreter zu Protokoll.

Schon das Landgericht Berlin und das Kammergericht hatten Stinnes' Klage abgewiesen. Das Oberste Rückerstattungsgericht bestätigte die vorangegangenen Urteile. Nach der Entscheidung des Gerichtes gab es *»keinen Anhaltspunkt dafür, daß die Behörden gegen die Avus-AG irgendwelche Maßnahmen ergriffen hätten, die als diskriminierend anzusehen wären«*. Daher seien *»alle seine Behauptungen bezüglich der Haltung des Regimes ihm persönlich gegenüber unerheblich«*. Einen Anspruch auf Rückerstattung erkannte auch das drittinstanzliche Gericht nicht an.[7]

DIE AVUS IST FERTIG

Doch wieder zurück in den Grunewald der beginnenden zwanziger Jahre. Das Geld für den Weiterbau war vorhanden und die notwendigen Rohstoffe und Maschinen wußte das Stinnes-Unternehmen trotz der herrschenden Materialknappheit nach dem Krieg auch zu beschaffen. Im Frühjahr 1921 schienen die Schäden an der Trasse, die schließlich rund fünf Jahre unbearbeitet geblieben war, beseitigt zu sein. An vielen Stellen hatte sich Unkraut durch den Straßenunterbau, die sogenannte Packlage, gebohrt. Es mußte möglichst mit der Wurzel ausgerissen werden, sonst bestand die Gefahr, daß Pflanzen nachwuchsen und weitere Schäden hervorriefen. Bei diesen Arbeiten wurde allerdings der Untergrund gelockert und nur mit den damals gebräuchlichen Straßenwalzen verfestigt. Jahre später sollte sich herausstellen, daß dies nicht ausgereicht hat. In einem 1926 erstellten straßenbautechnischen Gutachten hieß es dazu: *»Ihre ausreichende Befestigung konnte die Bahn nur durch den Jahre über sie hinwegbrausenden Verkehr erfahren.«*[8] Diese »Verfestigung des Unterbaues durch den Verkehr« hatte die Avus bis 1926 in einen Holperpfad verwandelt.

Davon ahnte man im Sommer 1921 freilich noch nichts, als der »Makadam« (Teer-Splitt-Überzug, benannt nach dem schottischen Wegebauingenieur Mac Adam, 1757 bis 1836) auf den Fahrbahnen der Avus frisch glänzte. Mitte September schlugen die Handwerker die letzten Nägel in Einfahrts-Torgebäude und Tribünen. Doch am 24. und 25. September, einem sonnigen Wochenende, war es nach insgesamt achtjähriger Bauzeit endlich soweit: die ersten Rennen starteten.

Diese Veranstaltungen waren ein begehrtes Zubrot für die Aktiengesellschaft, die versuchen mußte, einen Teil ihrer Investitionen wieder durch Straßenbenutzungsgebühren hereinzubekommen. Die Inflation ließ die guten Hoffnungen jedoch dahinschmelzen, obwohl die Tarife dem Schwund des Geldwertes jeweils angepaßt wurden, blieb die Zahl der Benutzer, und somit das Einkommen, relativ uninteressant. Wurden noch anfangs zehn Mark für die einfache Fahrt verlangt, mußte man im Mai 1923, als die Inflation ihrem Höhepunkt zutrieb, 5000 Mark bezahlen (zum Vergleich: die Eintrittskarten zum Rennen 1921 kosteten 10 bis 200 Mark pro Veranstaltungstag). 5000 Mark kostete anderthalb Jahre später, bei wesentlich festerer Währung, ein Auto der unteren Mittelklasse. Das Monatsabonnement für Avusfahrten betrug im Mai des Krisenjahres übrigens 100 000 Reichsmark.

Der Dollar hatte zu diesem Zeitpunkt einen Wert von rund 40 000 Mark, er verteuerte sich in den folgenden Monaten rapide: Anfang Juli war er mit 170 000 Mark notiert, Ende August mit 12 Millionen und am 30. November, als die Rentenmark eingeführt wurde, erreichte er 4,2 Billionen Mark. Eine Billion Reichsmark wurden nach der Reform für den Gegenwert von einer Rentenmark angenommen.

Als sich die zwanziger Jahre zu vergolden begannen, wurde die Avus zu dem, was sich ihre Planer gut 15 Jahre zuvor für sie ausgedacht hatten: zu einer Art Freiluftlaboratorium. Autohersteller sammelten Daten über die Leistung und die Haltbarkeit von Motoren, Getrieben und Fahrgestellen, ohne von störenden nichtmotorisierten Verkehrsteilnehmern dafür angebrüllt oder sogar bedroht zu werden. Aber auch die Straßenbauer begannen, Erfahrungen über ihren Beitrag zur Verkehrssicherheit zu sammeln. Schließlich wurden selbst die Gebrauchsfahrzeuge immer schneller, nicht nur die Rennwagen. Die Avus bot sich als Prüffeld und Informationsquelle an. Schon 1921 fuhr Fritz von Opel die schnellste Runde mit 129 km/h. In der Geraden erreichte er die 150-km/h-Marke leicht. 1926 machte Rudolf Caracciola mit Tempo 150 die gesamte Runde, Höchstgeschwindigkeiten von 180 km/h waren keine Seltenheit mehr. Auch der Schnellverkehr auf der Landstraße legte – trotz aller Hindernisse – gewaltig zu. Der Durchschnitt der dort erzielten Geschwindigkeiten stieg von 45 auf knapp 70 km/h. »Raser«, die auf der Chaussee 1921 vielleicht noch an eine Spitzengeschwindigkeit von 80 km/h herankamen, beschleunigten ihre Fahrzeuge fünf Jahre später schon auf gut 100 km/h.

Doch nicht nur auf den Landstraßen wurden mittlerweile Geschwindigkeiten gefahren, die für den Ausbauzustand viel zu hoch waren. Auch die Avus mit ihrem Teer-Splitt-Belag der Makadam-Bauweise war »zu langsam« geworden. Schließlich hatte sich ihr Unterbau erst durch die Benutzung verfestigt und dementsprechend verformt. So kam es am 11. Juli 1926 beim Großen Preis von Deutschland zu einer folgenschweren Unfallserie. Ein Gewitterregen hatte die Fahrbahn rutschig gemacht, Ölverschmutzungen und unsachgemäß geflickte Stellen erhöhten die Gefahr noch. Rosenberger, der ebenso wie der junge Caracciola auf Mercedes gestartet war, schleuderte an einer neu hergerichteten Stelle an der Ausfahrt der Nordschleife und prallte in ein Zeitnehmerhäuschen. Ein Zeitnehmer starb noch am Unfallort, zwei weitere wenig später. Berthold auf einem NAG-Rennwagen schleuderte noch in der Nordschleife, drehte sich zweimal und mußte mit kaputter Lenkung aufgeben. Emmrich und Chassange verunglückten ebenfalls in diesem Rennen.

Gewinner im doppelten Sinne war Caracciola, der sich nicht nur die Siegerprämie

Die Spannung steigt ...

holte, sondern mit diesem Rennen auch seinen Ruf als »Regenmeister« begründete, weil er mit entsprechend vorsichtiger Fahrweise ans Ziel gelangte. Rosenberger gab später an, er habe auf den Geraden 200 km/h erreicht; ein zu forsches Tempo für die Strecke und die Umstände.

AVUS-GEFAHREN

Die Fahrweise einiger Teilnehmer, die Organisation der Rennveranstaltung, das Material (sprich: die Reifen), aber auch die Strecke selbst gerieten im fünften Jahr der Avus in eine Kritik, von der sich zumindest die Straße bis 1931 nicht mehr erholen sollte. Eine ähnliche Debatte um die Sicherheit der Avus gab es erst 1959 wieder, als es um die Zukunft der Nord-Steilkurve ging, die Jean Behra zum Verhängnis geworden war.

»Den Fahrern sind kaum Vorwürfe zu machen. Sie sind mehr oder weniger von den auf der Bahn festgelegten örtlichen Verhältnissen abhängig und hier muß gesagt werden, daß die Avus-Bahn nicht mehr den Anforderungen entspricht, die an eine Rennstrecke gestellt werden müssen, auf der so hohe Geschwindigkeiten gefahren werden. Einmal ist die Avus-Bahn viel zu schmal, so daß ein Überholen außerordentlich erschwert war. Außerdem ist die Bahn, namentlich nach der rechten Seite hin, ballig. Hierdurch liegen die Wagen, da ja nach Möglichkeit rechts gefahren werden soll, ziemlich schräg auf der Bahn. Wenn nun, wie das gestern leider der Fall war, Regen einsetzt, kommen die Wagen bei hoher Geschwindigkeit sehr schnell ins Schleudern. Die Meinung, daß der tödliche Unfall vermieden worden wäre, wenn die Avus-Bahn

Wenn es auf der Avus krachte, dann richtig. Dieser Autofahrer hatte die Gewalt über sein Fahrzeug verloren und war gegen einen Meilenstein geprallt. Von dort trudelte er die Böschung hinab und kam schließlich an einem Baum unsanft zum Stehen. Nach solchen Unfällen kam es 1935 zur Diskussion um die Frage, ob man Bäume an Autobahnen überhaupt dulden dürfe. Die Bäume blieben weitgehend, die Meilensteine wurden recht schnell abgeschafft.

nicht die unheilvolle Wölbung hätte, wenn sie breiter wäre und wenn an der rechten Seite, namentlich wo Zeittafeln, Hütten und dergl. stehen, ein betonierter Schutzstreifen gewesen wäre, ist nicht ohne weiteres von der Hand zu weisen. Die Leitung der Avus-Bahn wird sich daher mit einer Modernisierung ihrer Rennstrecke in allernächster Zeit sehr ernsthaft befassen müssen.« Der Fachjournalist schließt seine Betrachtung in der Zeitschrift »Das Auto« vom 15. Juli 1926 mit den Worten: *»Jedenfalls gehört ein todesverachtender Schneid dazu, um bei einer derartig unmodernen Bahn Rennen mit so großen Geschwindigkeiten auszufahren.«*

Das sogenannte verschobene Dachprofil, das die Strecke in den Augen des Kritikers »ballig« machte, behielten Teile der Avus bis in die siebziger Jahre. Erst zu diesem Zeitpunkt wurde das Profil vereinheitlicht. Fahrbahnen benötigen diese Querneigungen (Profile), damit das Regenwasser ablaufen kann. Bei der Konstruktion der Avus hatte man aber die Querneigung nicht durchgehend angelegt, sondern als »Dach«, dessen Knick sich etwa in der Mitte der rechten Fahrspur befand. So lief der größte Teil des Regenwassers zum Mittelstreifen ab, der Rest nach rechts, zur äußeren Befestigung. Dieser Aufbau, der beim Überholen entsprechendes Fahrgefühl erforderte, wurde erst 1972 beseitigt, als die Strecke bis zur Ausfahrt Hüttenweg eine dritte Fahrspur und von dort bis Nikolassee eine Standspur erhielt.[9]

Andere Kommentatoren der Unfälle von 1926 wiesen auf Ursachen in der Automobiltechnik hin; die Avus wurde bei dem 1909 formulierten Anspruch einer Versuchsstrecke genommen. Der »BZ am Mittag« vom 20. Juli 1926 ging es darum, *»die Entwicklung des Kraftwagens als Gebrauchsgegenstand«* zu fördern. *»Es soll sich nicht darum handeln, mit Aufwendung allerletzter Raffinements und mit Aufwendung riesiger Geldmittel eine ideale Parkettstraße zu schaffen, um auf diese Weise den Motorwagen das Fahren so leicht und mühelos wie möglich zu machen, sondern darum, auf einer Straße, die etwa den Gipfel der Vollkommenheit der Landstraße darstellt, die Wagen in ihren gesamten Teilen so fortzuentwickeln, daß sie auf einer solchen Straße, also auf keiner Rennbahn, immer höhere Geschwindigkeiten gefahrlos zu erreichen vermögen.«* Erst dann habe die Allgemeinheit einen Nutzen davon, hieß es in dieser Stellungnahme zu den Vorfällen und zu der entstandenen Diskussion.

Da eingeräumt werden mußte, daß die Avus »wie alle Landstraßen nicht absolut glatt« ist, und die »geringen Unebenheiten, die vorhanden sind, doch genügen, um die Wagen bei einer Geschwindigkeit von 180 km/h auf und nieder, hin und her zu werfen«, sollten eben die Fahrgestelle verbes-

Bereits fünf Jahre nach ihrer Fertigstellung war die Avus übel zugerichtet. Der Verkehr hatte tiefe Dellen hineindrücken können, da man den Untergrund beim Bau nicht ausreichend verfestigt hatte. Hier sieht man die Spuren eines über die Dellen fliegenden Rennwagens.

sert werden, schlug die »BZ am Mittag« vor.

Auch der Automobilclub von Deutschland (AvD) als Veranstalter des Rennens bemühte sich schnell zu betonen, die Avus sei keine Rennbahn. Jeder Wettbewerb auf der Avus sei ein Straßenrennen *»und jeder Fahrer, der an einem solchen Rennen teilnimmt, hat mit den Verhältnissen einer Straße zu rechnen«*. Damit das Zeugnis über die Avus nicht allzu schlecht ausfiel, ließ der AvD Zeugen dafür sprechen, daß *»sich die Decke der Avus in einem wesentlich besseren Zustande befindet, als noch vor einigen Monaten. Bei einem Sportwagen-Chassis läßt die Bahn praktisch jedes Tempo zu«*, erläutert *»einer unserer erfolgreichsten und erfahrensten Privatfahrer, Bergassessor Deilmann«*.

Wie schlimm es in Wirklichkeit um die Avus bestellt war, zeigte ein straßenbautechnisches Gutachten der Studiengesellschaft für den Automobilstraßenbau (Stufa). Eine Kommission hatte die Straße noch im Juli 1926 begutachtet und war zu einem vernichtenden Urteil gekommen. Es wurde im August in der Fachzeitschrift »Der Straßenbau« der Öffentlichkeit unterbreitet. Schon in der Beschreibung der Nordschleife heißt es dort symptomatisch: *»Der Ausbau der Kurve erfolgte zu einer Zeit, in der mit viel geringeren Fahrzeuggeschwindigkeiten gerechnet wurde, als sie heute erreicht sind. Aus diesem Grunde würde es gefährlich sein, die Kurve mit größerer Geschwindigkeit als 100 km/h zu befahren«*. Die langgestreckten Geraden durften aber auch nicht schneller passiert werden, wobei noch auf die Witterung zu achten war: *»Die Avus ist eine Autofahr- und übungsstraße, welche bei trockenem Wetter die Befahrung mit hohen Geschwindigkeiten bis zu 100 km/h und in der Südkurve bis zu 80 km/h ohne Gefahr gestattet und die schon in ihrem gegenwärtigen Zustande besten und gut unterhaltenen Landstraßen mindestens gleichzusetzen ist. Sie ist auch als Straßenrennstrecke geeignet, auf der die Eigenschaften und Vorzüge der Wagen für die Bewertung in der Praxis in zweckmäßiger Weise im Wettbewerb geprüft und zuverlässig beurteilt werden können.«*

»NUR EIN STRASSENRENNEN«

Als Präzisionsrennstrecke hingegen, die gewährleistet, daß auf idealer Bahn in erster Linie Höchstgeschwindigkeitsrekorde bei größter Sicherheit für Fahrer und Wagen zu erreichen sind, ist die Avus nicht geeignet, urteilte Professor Brix, Geheimer Rat und Vorsitzender der Studiengesellschaft. In einer Zeit, da die gefahrenen Geschwindigkeiten fast doppelt so groß waren wie die zulässigen, bedeutete eine solche gutachterliche Feststellung das »Aus« für die Avus.

3
6

PREMIERENFIEBER 1921

Am Wochenende des 24./25. Septembers war es soweit. Endlich konnte die Bevölkerung der Reichshauptstadt der Entscheidung beim ersten großen Automobilrennen auf der Avus beiwohnen.

Die Teerung der gesamten Rennstrecke war beendigt. Auch die Tribünen konnten in letzter Minute noch fertiggestellt werden. Erhebliche Schwierigkeiten bot nur die Festlegung des Ziels. Das renommierte Fachblatt »Allgemeine Automobil-Zeitung« berichtete in ihrer Ausgabe vom 27. August 1921:

»Da auf den ungehinderten Zugang der Besucher und einen genügenden Anfahrt- und Warteplatz für Tausende von Gefährten Rücksicht genommen werden muß, konnte nur ein solcher Punkt gewählt werden, der die glatte Abwickelung des Verkehrs in hinreichendem Maße gewährleistet. Hierfür erschien die Strecke etwa 1 km vom Auslauf an der Nordkurve beim Bahnhof Eichkamp am geeignetsten. Das Innere der Nordschleife ist als eine Art Sattelplatz vorgesehen, in dessen Mitte eine größere Tribüne sich befindet, welche so angelegt ist, daß man den Hauptteil der Kurve von ihr gut übersehen kann. Der frühere Exerzierplatz ist von der Avus zur Unterbringung von Wagen und Automobilen für die Dauer der Rennen gepachtet worden.«

Die Anlage der 20 Kilometer langen Automobil-Verkehrs- und Übungsstraße im Grunewald galt in der Motorwelt als ideale Prüfung für Gebrauchswagen. Nirgendwo anders gab es eine Strecke, auf der Rennwagen auf einer langen, schnurgeraden Strecke ihre Schnelligkeit, Widerstandsfähigkeit und Zuverlässigkeit der Konstruktion besser unter Beweis stellen konnten wie auf dieser Bahn, die mit ihren zwei Geraden von je etwa 9 km Länge und ihren beiden Schleifen von 114 und 258 m Durchmesser eine automobilsportliche Arena darstellte, wie sie einzigartig dastand. – Gegenüber dem Ziel, im Schatten alter idyllischer Eichenbäume, stand die Haupttribüne mit einer Länge von 200 Metern. Daran schloßen sich nach der Nordschleife zu eine etwa 75 Meter lange, überdachte Tribüne und die Pressetribüne mit zehn Telefonzellen und einem besonderen Arbeitsraum an.

Gute Sichtplätze hatten Schlachtenbummler auch auf der Überbrückung der Bahn bei Wannsee. Drei Tribünen standen vor der Wannseer Kurve. Diese Tribünen enthielten Sitzplätze für rund 7700 Personen; der riesige Raum rechts und links der Rennstrecke kam für Stehplätze in Frage. Der Stand der Rennen wurde durch fünf große Tafeln dem Publikum bekanntgegeben, deren Bedienungsposten durch Telefon miteinander verbunden waren. Für die Bewältigung des Besucherandrangs waren alle Vorkehrungen getroffen. 65 Kassen waren um die Rennstrecke verteilt. Sie wurden von besonderen Autobuslinien und sogar Extrazügen angesteuert.

Der Appell des Veranstalters des ersten Avus-Rennens, des Automobil-Clubs von Deutschland, an die deutsche Automobilindustrie war nicht ungehört verhallt. Fast alle großen Firmen hatten Fahrzeuge gemeldet.

Nach den Gründerjahren der Kraftfahrzeugindustrie erlebte die automobile Welt Deutschlands zu Beginn der zwanziger Jahre einen Fabrikationsboom. Fast ein halbes Hundert von Kraftfahrzeugschmieden montierte drei- und vierrädrige Geschöpfe, deren Namen heute kaum noch bekannt sind: Aga, Alfi, Ego, Brennabor, Dinos, Hansa, Schebera usw. Oft entstanden diese Unternehmen nur, um aus der galoppierenden Geldentwertung und der damit ausgelösten Flucht in die Sachwerte Kapital zu

Zu einem gesellschaftlichen Ereignis und zu einem Menschenauflauf gerieten die beiden ersten Avus-Renntage im September 1921. Trotz spannender Rennverläufe fehlte der Premiere aber der letzte sportliche Glanz. Noch boykottierten nämlich die Siegerstaaten des Ersten Weltkrieges sportliche und wirtschaftliche Ereignisse im Reich. Kritische Berichte in der Presse befaßten sich mit dem Zustand der zur Rennstrecke hinführenden Zuwege.

Links oben: Zwei Stöver-Rennwagen am Start zum Avus-Rennen 1921.
Unten: Die vier Dürkopp-Zigarren aus Bielefeld am Start.

Fritz von Opel überholt einen Horch.

DAS TEILNEHMERFELD

schlagen. Sobald sich die wirtschaftlichen Verhältnisse der Inflationszeit wieder konsolidiert hatten, kam es zu zahlreichen Zusammenbrüchen von Unternehmen der »Krisengewinnler«, etwa des Stinnes-Konzerns (Rabag, Dinos, Aga). In der Folgezeit gab es einen scharfen Konkurrenzkampf unter den verbliebenen Giganten, die um ihre Kunden mit enormen Preisnachlässen – und auf der Rennbahn für ihre Produkte warben.

Gestartet wurden auf der Avus in verschiedenen Gruppen, die nach sog. »Steuer-PS« ausgerichtet waren.

In Gruppe VIII A (offen für zweisitzig karossierte Fahrzeuge, deren Abmessungen von Hub und Bohrung 8 Steuer-PS nicht überschritten) starteten die Firmen Fafnir (Aachen), Presto (Chemnitz), Brennabor (Brandenburg/Havel), Selve (Hameln), Dürkopp (Bielefeld), NSU (Neckarsulm), Stoewer (Stettin), Heim (Mannheim) und Opel (Rüsselsheim). Das Rennen ging über rund 140 km (7 Runden). –

In Gruppe VI B (offen für zweisitzig karossierte Fahrzeuge, deren Abmessungen von Hub und Bohrung 6 Steuer-PS nicht überschritten) starteten die Firmen Benz (Mannheim) und Wanderer (Chemnitz) mit je zwei Wagen. –

In Gruppe X B (offen für zweisitzig karossierte Fahrzeuge, deren Abmessungen von Hub und Bohrung 10 Steuer-PS nicht überschritten) starteten die Firmen Adler (Frankfurt/M.), Steiger (Burgrieden b. Ulm), Benz (Mannheim), Opel (Rüsselsheim), Simson (Suhl) und Horch (Zwickau). Länge des Rennens ca. 160 km (8 Runden).

Am Sonntag vereinigte Gruppe VI A (offen für zweisitzig karossierte Fahrzeuge, deren Abmessungen von Hub und Bohrung 6 Steuer-PS nicht überschritten) die Firmen Aga (Berlin), Selve (Hameln), Dixi (Eisenach), Falcon (Sontheim b. Heilbronn) und Heim (Mannheim). Die Länge dieses Rennens betrug ca. 120 km (6 Runden). –

In Gruppe VII B (offen für Fahrzeuge, deren Abmessungen von Hub und Bohrung 8 Steuer-PS nicht überschritten) starteten die Firmen Dinos (Berlin), Adler (Frankfurt) und Opel (Rüsselsheim).

In Gruppe X A (offen für zweisitzig karossierte Fahrzeuge, deren Abmessungen von Hub und Bohrung 10 Steuer-PS nicht überschritten) starteten Opel (Rüsselsheim), Ehrhardt (Düsseldorf + Zella St. Blasi/Thür.), Dürkopp (Bielefeld), Adler (Frankfurt), NAG (Berlin), Apollo (Apolda/Thür.), Horch (Zwickau) und Stoewer (Stettin). Länge des Rennens ca. 160 km.

An beiden Tagen fanden nach Beendigung der eigentlichen Avusrennen am Nachmittag Rekordversuche statt, für welche die Firmen Opel, Adler und Benz Wa-

Avus-Startliste für Sonnabend, d. 24. September 1921

Klasse VI a (bis 6 PS).
1. Aga – Betriebsleiter Hugo Wilhelm,
2. Aga – Oberingenieur Otto Philipp,
3. Selve – Direktor Ernst Lehmann,
4. Dixi – Willi Heinicke,
5. Falcon – Direktor G. Hartlieb,
6. Selve – Ingenieur Willi Köster,
7. Dixi – Fahrmeister Paul Gebser.

Klasse VI b (bis 6 PS mit hängenden Ventilen).
1. Benz – Fahrmeister Fritz Hörner,
2. Benz – Ingenieur Willi Walb,
3. Wanderer – Ingenieur Wilh. Scholl,
4. Wanderer – Karl Loos.

Startaufstellung am ersten Avus-Renntag.

gen gemeldet hatten. Die Rekordversuche waren für Rennwagen unbeschränkter Zylinderabmessungen offen und fanden über 3 km statt.

Der Unterschied zwischen den Gruppen A und B war der, daß in Gruppe A nur Fahrzeuge startberechtigt waren, deren Motoren stehende Ventile besaßen, während für die teilnehmenden Wagen der Gruppe B ganz oder teilweise hängende Ventile vorgeschrieben waren.

Reges Leben herrschte auf der Avus-Bahn schon Tage vor Rennbeginn. Besonders in den Morgenstunden trainierten die Wagen aller Klassen, nachdem die Fahrbahn vollständig hergerichtet war. In den Kurven allerdings mußte die Geschwindigkeit mächtig gedrosselt werden. Es fehlte noch die Überhöhung der Kurven. Schon bei Übungsfahrten einiger Motorräder erwies es sich als notwendig, in der Nordkurve bis auf 78 km/h herunterzugehen. Fahrer, die versuchten, mit ihren Wagen ohne wesentliche Herabminderung der Geschwindigkeit durch die Kurven zu fahren, mußten ihre Leichtsinnigkeit mit einem nicht allzu geringen Schrecken und einigen Hautabschürfungen bezahlen. Ein Dürkoppwagen wurde aus der Südkurve geschleudert, wobei sich der Wagen mehrmals überschlug und die Fahrer in hohem Bogen über die Böschung geschleudert wurden. Auch einem Dinoswagen erging es in der Nordkurve ähnlich. Dort bremste der Fahrer seinen Wagen so scharf, daß er einen Hinterreifen verlor und in vollem Tempo bis auf die Böschung kletterte, wo er endlich hängenblieb. Am zweiten Trainingstag waren die Fahrer schon mehr mit der Bahn vertraut. Man konnte jetzt schon sagen, daß die Rennen in den Kurven entschieden wurden. Von den Fahrern wurde es kritisiert, daß die Teerung der Bahn noch nicht vollständig abgetrocknet und noch weich war, was ein kräftiges Schleudern der Wagen zur Folge hatte. Für die damalige Zeit beachtliche Geschwindigkeiten erzielten beim Training die Wanderer-, Aga- und Benzwagen, welche Leistungen von 150 km/h erreichten. Die »AZZ«: *»Auch ein Brennaborfahrer zog durch sein geschicktes Nehmen der Kurven trotz seiner großen Beleibtheit die besondere Aufmerksamkeit auf sich.«*

MASSIVE KRITIK

Am Sonnabend, dem 24. September, wurde die Avusbahn durch die Streckenleitung offiziell der Öffentlichkeit übergeben, wozu Vertreter der inländischen und ausländischen Fach- und Tagespresse erschienen waren. Gleichzeitig hielt die Schutzpolizei eine Übung ab, um nachmittags dem Massenstrom gewachsen zu sein.

Bei den Streifzügen der Presse längs der Rennbahn kam nicht nur Begeisterung für die Avus-Bahn auf, die nach Meinung ihrer

Klasse VIII a (bis 8 PS).
1. Fafnir – Oberingenieur W. Uren,
2. Presto – W. Gischel,
3. Brennabor – C. Reichstein,
4. Selve – Ingenieur Willy Köster,
5. Selve – Direktor Ernst Lehmann,
6. Brennabor – Albert Hagen,
7. Fafnir – Springsfeld,
8. Dürkopp – Jean Horn,
9. Neckarsulm – George Klöble,
10. Stoewer – Betriebsleiter Kordewan,
11. Stoewer – Betriebsleiter Reedel,
12. Heim – Direktor Franz Heim,
13. Dürkopp – Betriebsleiter Ewald Fiedler,
14. Opel – Fritz von Opel,
15. Opel – Karl Jörns,
16. Presto – Arno Kermer.

Die Rennfahrerin Lo Holl wechselt ein Rad an ihrem NSU-Rennwagen.

Urheber eine Bahn der Superlative sein sollte.

Kein Blatt vor den Mund nahm vor allem das führende Fachorgan »AAZ«:

»Der erste Eindruck, den der Außenstehende, der bislang nur Pläne, Zahlen, Geschwindigkeiten und ähnliches über die größte Rennbahn der Welt gehört hat, von ihr empfängt, ist eine große Enttäuschung. Kommt man da friedlich aus der Provinz mit seinem Wagen durch das sonnenglitzernde Potsdam gefahren, schlängelt sich durch die historische Autofalle und sieht sich auf einmal – in die stärksten polnischen Straßenverhältnisse des Weltkrieges versetzt.«

Das erste Avus-Rennen verlief zeitlich parallel zur Deutschen Automobil-Ausstellung, die in unmittelbarer Nachbarschaft ihre Hallen hatte.

GESELLSCHAFTLICHES EREIGNIS

Viele Berliner zogen es vor, nicht in die Auto-Messe am Kaiserdamm zu gehen, sondern sich die automobile »Privatausstellung« an der Avus anzuschauen. Ein Kaleidoskop mannigfachster Kraftfahrzeuge nahm Kurs zum Parkplatz der Avusbahn. Uralte Kraftvehikel wetteiferten mit den raffiniertesten Neuschöpfungen der Motorenbauer und Karossiers. Auch Pferdefuhrwerke mischten sich noch ins Gedränge. Andere Besucher kamen mit Ring- und U-Bahn. Es waren zwischen 200 000 und 300 000 Menschen auf den Beinen. Motorjournalist Walter Ostwald:

»(Ein) organisatorisches Meisterwerk der Riesenauffahrt zur Riesenrennbahn ging vor sich. In der organisatorischen Technik der Meisterung von Menschenmassen hat man in der Republik gegenüber dem Kaiserreich zweifellos Fortschritte gemacht. Der ganz ungeheuer starke und sich auf riesige Gebiete von Großberlin erstreckende Verkehr einer unzähligen, buntscheckigen Menschenmasse (...) wurde ohne Kommandieren und ohne Reibung mustergültig geleitet.«

Auch auf der Rennbahn selbst war alles derartig geschickt organisiert, daß sogar die sonst für jedes Berliner »Ereignis« typische und für den Berliner Taschendieb so einträgliche »echt Berliner Drängelei« nirgendwo zu beobachten war.

Das Publikum war mannigfaltig. Berlins feine Gesellschaft (oder was sich dafür hielt) nahm Platz auf den weißlackierten Sitzen der Tribünen (nichtsahnend, daß man darauf nach wenigen Minuten festkleben würde – der Lack stammte noch aus dem Krieg) und die arbeitende Bevölkerung mußte sich mit den billigen Stehplätzen zufriedengeben.

Überraschend war der starke Zustrom auswärtiger Besucher, auch aus dem Ausland. Man sah und hörte zahllose Holländer, Engländer, Amerikaner, Japaner, Chinesen oder Inder. Eine Journalistin beschrieb die Rennbahn-Atmosphäre in Manier eines Gesellschaftsberichtes so:

»Natürlich zog ich etwas Hübsches und Feines an, um nicht negativ aufzufallen. Und während auf der eigentlichen Rennstrecke schon die ersten Runden von den schlanken Rennwagen gefahren wurden, die durch ihren tiefen, sonoren Motorenklang Nerv und Ohr angenehm reizten, strömten noch in unabsehbarer Menge die Besucherinnen heran und lenkten die Blicke auf sich. Fabelhaft wirkungsvoll war vieles, allein schon durch die so beliebten, grellen Farben, die allerdings oft bis ans feinste zueinander abgestimmt waren, so daß das Auge wohl entzückt sein konnte. Aber es war auch nicht gespart worden an kostbarem Material, das bei unserer heutigen Valuta ja sündhaft teuer ist.«

Tausende von Augen blickten wie gebannt auf die schnurgerade Avus, als das erste Rennen gestartet wurde. Eine ungeheure Spannung lag über den weiten Tribünen, auf denen die Zuschauer, Kopf an Kopf gedrängt, oft seit Stunden harrten und den Kampf der Rennmaschinen mit fieberhafter Erwartung verfolgen wollten. Endlich erschallte das Fanfarensignal, das den Beginn des ersten Rennens ankündigte.

Ein Fafnir mit seiner charakteristischen Kühlerfratze und ein Presto flogen als erste über die Bahn. Das Publikum jubelte. In kurzer Frist folgten die nächsten zwei, bis alle »Achter« mit von unten gesteuerten Ventilen auf der Bahn waren. Schon kehrten die ersten wieder. Auf den gegenläufigen Parallelstrecken sausten Wagen mit ca. 150 km/h, also nach Einstein rund 300 km/Relativgeschwindigkeit aneinander vorbei. »Das ist aufregender als ein Pferderennen«, resümierte die Haute volée. Eifrig wurden Listen studiert und der »persönliche Kontakt« mit Marke und Fahrer hergestellt. Man freute sich über die gräßlichen Fratzen der gleichmäßig laufenden Fafnir-Wagen. Man bewunderte die schönen Formen der blitzblauen Brennabors und verfolgte mit Feldstecher die schneidige Fahrt des Stoewers. Favorit wurde bald auch NSU.

Ein ganz charakteristischer Geruch wehte von der Strecke der zu Anfang stark überölten Motoren auf. Die Flieger unter den Zuschauern wußten sofort Bescheid: »Aha, Rizinusöl.« Fast alle Fahrer verwendeten für ihre Rennwagen Rizinusöl und nicht Benzin.

Schnell begannen sich bei den Rennen die Felder zu lichten. Oft klang es nach überhitzten Verpuffungen und fressenden Kolben. So mußten gleich im ersten Rennen die beiden Selve-Wagen aufgeben. Waren deren Motoren vielleicht schlecht eingestellt? Denn der alte Benz-Rennfahrer Heim dagegen kam hervorragend mit seinem Eigenbauwagen voran – unter dem auch ein Selve-Aggregat blubberte.

Das zweite Avus-Rennen vom Samstag stand unter einem besonders schlechten Stern. Das Rennen der 6 Steuer-PS-Wagen mußte abgebrochen werden, nachdem sowohl die teilnehmenden beiden Benz- als auch die zwei Wanderer-Wagen nicht über zwei Runden hinauskamen.

Favorit im dritten Rennen war der Steiger-Wagen. Walter Steiger, ein gebürtiger Schweizer, hatte 1914 in Burgrieden eine Maschinenfabrik gegründet, die 1920 auch den Bau von Automobilen aufnahm.

Als Betriebsleiter gewann Steiger den bekannten Konstrukteur Paul Henze. Zur allgemeinen Überraschung aber fielen auf der Avus bald alle beiden Steiger-Wagen aus, während die Horch-Wagen sich gut schlugen. Sieger wurde schließlich der ohne alle Schwierigkeiten fahrende Benz. Die beiden Horchs belegten den zweiten und dritten Platz. Der Ehrhardt-Wagen fuhr als Vierter durchs Ziel. Er gehörte dem Rüstungsfabrikanten und Großindustriellen Heinrich Ehrhardt, der 1904 mit seinem Sohn Gustav die Ehrhardt-Automobil-Werke AG in Düsseldorf und Zella St. Blasi gegründet hatte. Wie es sich für einen ehemaligen Rüstungsbetrieb gehörte, waren die Zylinder des Ehrhardt-Wagens aus Kanonenstahl. 1922 erwarb der schwedische Süßwarenkonzern Kanold (Sarotti) aus währungsspekulativen Gründen die Aktienmehrheit der Ehrhardt-Automobilwerke.

Der Sieger in der Klasse VIII a, Fritz von Opel, fuhr einen Continental-Cord.

RENNVERLAUF

Am zweiten Renntag erregte vor allem der Sieg der NAG großes Aufsehen. Er wurde von einem normalen, serienmäßig hergestellten Tourenwagen des Typs C 4 b erstritten, der nur unwesentliche Veränderungen, die durch die Rennvorschriften zugelassen und geboten waren, aufzeigte. Die NAG, ein Tochterunternehmen des Elektroriesen AEG, hatte sich bis dato stets von Rennen ferngehalten und ihre Wagen im Grunewald das erste Mal auf die Bahn geschickt.

Der NAG ging in der Klasse X A mit seitlicher Ventilanordnung an den Start und brauchte für die acht Runden mit etwa 160 km Fahrstrecke 73 Minuten und 51 Sekunden. Es entsprach dies einer Durchschnittsgeschwindigkeit von ca. 130 km/h und bedeutete unter Berücksichtigung der schweren Kurven, in denen die Geschwindigkeit erheblich vermindert werden muß-

Oben: Anzeige aus der AAZ.
Rechte Seite, oben: Der Zweite des Avus-Rennens von 1923, der NSU-Fahrer Scholl.
Unten: Avusrennen 1924. Startszene der kleinen Klasse, rechts ein Brennabor, links ein NSU.

te, eine Durchschnittsgeschwindigkeit in den Geraden von ca. 140 km/h. 13 gemeldete Fahrzeuge besiegte der NAG aus dem Werk Berlin-Oberschöneweide, und die »B. Z. am Mittag« urteilte in ihrer Ausgabe vom 26. November 1921:

»Das dritte Rennen des gestrigen Tages, der Kampf der 10 PS-Wagen, gehörte zu den erregendsten Sportereignissen, die man in Berlin gesehen hat, er heizte dem Publikum trotz dem kühlen Winde ordentlich ein und enthusiasmierte es zu besessener Begeisterung.

Die Fachleute hatten für dieses Rennen die NAG-Wagen favorisiert, aber das Publikum war für Fritz von Opel. Er hatte die Startnummer 1... Aber ebenso schnell wurde man gewahr, daß der grüne NAG mit Riecken am Steuer tatsächlich sein gefährlichster Gegner war. Auch der Grüne fraß den Weg in verblüffender Raserei und Regelmäßigkeit, und Riecken, ein alter erfahrener Renn- und Straßenfahrer, der sich im Auslande mit vielen großen Kämpen herumgeschlagen und alle Schliche und Pfiffe gelernt hat, kannte seinen Wagen und sein Rennen...

Sein Wagen ging und ging und gab nicht nach. Als Fritz von Opel aus der sechsten Runde wiederkam, konnte man auch den Grünen schon unten auf der Straße daherkommen sehen. Aber als er an die achte Runde kam, lag der Grüne schon örtlich dicht hinter ihm, war ihm also zeitlich schon voraus. Und Riecken blieb die Unerschütterlichkeit selbst, er wußte, er hatte den Gegner in der Hand. In die letzte Gerade kam er schon an der Spitze dahergeflogen, rundete die Nordkurve und war Sieger. Riecken ist außerordentlich gleichmäßig gefahren, die Differenz zwischen seiner langsamsten und schnellsten Runde betrug 16 Sekunden.«

Auf den NAG folgte als zweiter Wagen Breckheimer auf Opel; als Dritter kam Favorit Fritz von Opel durch das Ziel. Ihm folgte der zweite NAG, von Zerbst gesteuert, über den Kreidestrich. Abgeschlagen waren die Adler-Wagen, die beiden Horchs, der Stoewer sowie der Dürkopp-Wagen.

Dieses letzte große Rennen auf der Avus am zweiten Renntag war der Höhepunkt der Veranstaltung. Die »Deutsche Allgemeine Zeitung« schrieb:

»Während die zweite Konkurrenz das Interesse der Zuschauer ein wenig ermüdet hatte, brachte das letzte große Rennen über 160 Kilometer schärfste Kämpfe und prachtvollen Sport. Von Anfang bis zu Ende setzte es Angriffe über Angriffe, und als das Feld langsam zurückfiel, entwickelte sich ein Zweikampf zwischen dem Sieger vom Sonnabend, Fritz von Opel, und dem prachtvoll fahrenden Riecken auf NAG, das erst in der 6. Runde die Entscheidung zugunsten Rieckens brachte. Glänzend fahren die NAG-Wagen. Riecken hält sich dicht hinter Fritz von Opel, passiert die vor ihm liegenden Maschinen und ist am Ende der ersten Runde nur drei Sekunden langsamer als der an der Spitze liegende Fritz von Opel.

Zerbst auf NAG überholt in der Südschleife den Dürkopp Tatenhorsts in glänzendem Stil. Riecken ist stark aufgerückt und liegt zum Schluß der 6. Runde nur noch 4 Sek. hinter Fritz von Opel. In den beiden letzten Runden steigerte sich das Interesse von Minute zu Minute auf die beiden Opel und den NAG-Wagen von Riecken. Riekken, der seine Runden mit bewundernswerter Pünktlichkeit absolvierte, kam immer stärker auf und vermochte trotz der verzweifelten Abwehr Fritz von Opels diesen hinter der Südkurve in der achten Runde zu passieren und mit erheblichem Vorsprung durchs Ziel zu gehen. Riecken trug die Start-Nummer 6, sein schärfster Gegner, Fritz von Opel, Nr. 1. Der NAG-Wagen siegte nicht nur zeitlich, sondern brachte es auch fertig, Opel räumlich zu überholen.«

Den Abschluß des zweiten Renntags bildeten wieder Rekordversuche, bei denen der bulldoggenartige, gedrungene 200 PS-Benz besonders auffiel. Er ließ endlich einmal Benzingeruch über die Bahn verbreiten, der während der Rennen vermißt worden war.

Bei der Siegerehrung im AvD-Haus am Leipziger Platz tönte Graf von Arnim-Muskau, seines Zeichens Vizepräsident des Automobilclubs von Deutschland: *»Ich sage nicht zuviel, wenn ich behaupte, daß die Fertigstellung der Rennstrecke im Grunewald eine Großtat auf dem Gebiete des Automobilsports zum Segen der Automobilindustrie bedeutet.«* Das waren große Worte.

VIII A
9
Zweiter

AUTOMOBIL-STRASSE
CONTINENTAL-PNEUMATIK
IE-03
6

2

14
16
20

SCHWIERIGER START: 1922

So glanzvoll die Eröffnungsrennen 1921 waren, so schwierig gestaltete sich in den Inflationsjahren 1921/22 das Renngeschehen im Grunewald. Die ausländischen Stars blieben noch aus. Skurile Rennveranstaltungen und Wagen erregten Aufsehen.

1922 – ein turbulentes Jahr:

Am 24. Juni wurde Außenminister Walter Rathenau in Berlin ermordet. Nicht mehr aufzuhalten war die Inflation; der Dollarkurs stieg lawinenartig von 1990 Reichsmark im August auf 7500 Reichsmark zum Jahresende. Erstmals wurden 10 000 RM-Noten ausgegeben.

In Berlin begann der Ausverkauf – der Wertverlust der heimischen Währung förderte währungspolitische Spekulationen und lud Ausländer mit harter Valuta magisch zum »Shopping« ein.

In dieser Zeit allgemeiner Ungewißheit konnte der Automobilsport nur mühsam gedeihen. Wer sollte schließlich den Rennzirkus angesichts der galoppierenden Preisentwicklung noch bezahlen? Die Motorjournalisten klagten über die Verhältnisse: *»Die neuen Steuern werden stark verzögernd auf die Entwicklung wirken. Ebenso die hohen Brennstoffpreise. Schon heute ist eine große Zahl von Kraftwagen hier in Berlin, die seit Jahren ununterbrochen in Betrieb waren, nur der hohen Betriebskosten wegen stillgelegt worden. Das Publikum kann einfach die Preise nicht mehr bezahlen.«* Das galt auch für die Avus. Mußte bei Avus-Eröffnung eine Gebühr von 10 RM für die »einmalige Benutzung« ausgegeben werden (Stand 1. Okt. 1921), so kostete im Mai 1923 die einfache Fahrt 5000 RM. Die Zeiten waren so schlecht, daß selbst die Deutsche Automobil-Ausstellung am Kaiserdamm abgesagt werden mußte.

Große Rennereignisse auf der Avus ließen vorerst auf sich warten. Statt dem Klang bulliger Rennmotoren lag allenfalls ein beißender Geruch des unvollkommen verbrannten, schlechten Benzins über der Bahn – etwa wenn die »Kraftfahroffizier-Vereinigung« am 27. Mai 1922 auf der Grunewaldbahn ein bescheidenes Automobilturnier mit folgenden Aufgaben organisierte:

Aufgabe I.

»Etwa 75 m vom Start erreicht der Bewerber auf der westlichen Fahrbahn zwei bunte Knallbomben, welche etwa 15 m voneinander gestaffelt auf der Fahrbahn liegen. Die vom Führer aus gesehen links liegende Knallbombe ist mit einem linken Rade, die vom Fahrer aus gesehen rechts liegende Bombe ist mit einem rechten Rade zu überfahren. Verfehlen einer Bombe: zwei Strafpunkte.

Zwischen I und II muß der Bewerber auf den direkten Gang umschalten. Nichtbeachtung dieser Vorschrift: 5 Strafpunkte.

Aufgabe II.

Etwa 150 m vom Start hängt an einem auf der rechten Seite der Fahrbahn angebrachten, über die Fahrbahn reichenden, galgenartigen Gestell an einem dünnen, leicht zerreißbaren Faden ein kleiner Blumenstrauß. Der Fahrer hat diesen Strauß zu ergreifen, während er unter demselben durchfährt, ihn abzureißen und sich denselben während der Fahrt an der Brust zu befestigen.

Verfehlen des Blumenstraußes: 2 Strafpunkte.

Ergreifen des Straußes durch einen anderen Wageninsassen verboten!

Aufgabe III.

Etwa 210 m vom Start liegen auf dem weichen Mittelstreifen, welcher die beiden Fahrbahnen voneinander trennt, über den in der Mitte dieser Streifen befindlichen Graben parallel zueinander in einer Entfernung von 1,30 m von Mitte zu Mitte gemessen, zwei kräftige 0,50 m breite, etwa 8 m lange Bohlen, welche eine Brücke von der westlichen zur östlichen Fahrbahn bilden. Die Bohlen haben an ihren Enden Auflagen, sind aber sonst nicht befestigt. Der Fahrer hat diese Bohlen als Übergang bzw. Brücke von der westlichen zur östlichen Fahrbahn zu benutzen und nach Überfahren dieser

Linke Seite, oben: Avus-Rennen im Juni 1922. Die drei Wagen des Brandenburger Brennabor-Werks während des Trainings in der alten Nordkurve.
Unten: Das NSU-Team am Start zum Avus-Rennen. Für NSU starteten Kölble, Scholl und Seifert.

Brücke seine Fahrt ohne Aufenthalt auf der östlichen Fahrbahn zurück nach der Mündung der Nordschleife fortzusetzen.

Abgleiten eines oder beider Räder von einer Bohle: 5 Strafpunkte. Die Hilfe der dort befindlichen Mannschaft darf erst nach Ablauf einer Minute einsetzen.

Aufgabe IV.

Bei der Weiterfahrt von der Brücke auf der östlichen Fahrbahn wird dem Fahrer die Fahrbahn durch drei gestaffelte Reihen quer über die Fahrbahn gestellter Flaschen gesperrt, welche im Zickzack durch die zueinander versetzten Lücken in der Flaschenreihe zu durchfahren sind.

Umwerfen einer Flasche: 2 Strafpunkte für jede umgeworfene Flasche.

Aufgabe V.

Von der Brücke etwa 150 m entfernt auf der östlichen Fahrbahn an dem letzten der neben dieser Fahrbahn stehenden großen Bäume befindet sich eine etwa 10 m hohe Fahnenstange. An der Spitze dieser Fahnenstange wird ein kleiner roter Luftballon aufgezogen sein. Der Fahrer hat hier zu halten, auszusteigen, aus der Hand des dort aufgestellten Beobachters ein gesichertes und mit einer Schrotpatrone geladenes, einläufiges Tesching in Empfang zu nehmen und nach dem Luftballon zu schießen, welcher an kurzer Schnur leicht beweglich befestigt ist. Nach dem Schuß hat er das Tesching zu entladen, dasselbe mit geöffneter Kammer dem Beobachter, welcher seinen Platz nicht verlassen darf, wieder zu übergeben und seine Fahrt fortzusetzen.

Fehlschuß: 3 Strafpunkte.

Rückgabe des nicht entladenen Teschings oder Rückgabe mit ungeöffneter Kammer: 2 Strafpunkte. Versager: 1 Strafpunkt.

Aufgabe VI.

Halblinks in der Fahrtrichtung nach der Mitte des Turnierplatzes zu, etwa 40 m von der Ballonstange entfernt, steht eine Wippe. Der Bewerber fährt auf diese zu, vorsichtig auf dieselbe hinauf und sucht sie mit seinem Fahrzeug 5 Sekunden in der Gleichgewichtslage zu halten.

Auf ein vom Beobachter gegebenes Zeichen verläßt der Wagen die Wippe und setzt seine Fahrt in die Nordschleife hinein fort.

Nichterreichen der Gleichgewichtslage auf der Wippe: 6 Strafpunkte.

Außerdem für jede an 5 Sekunden fehlende Sekunde in der Gleichgewichtslage: 1 Strafpunkt.«

Zugelassen zu dieser Veranstaltung waren ehemalige und aktive Offiziere der kaiserlichen Armee, des Reichsheeres und der Reichsmarine.

Mehr Erfolg hatte das erste Avus-Motorradrennen am 10. Juni 1921. Organisator war der Allgemeine Deutsche Automobil-Club, der hiermit auch als Avus-Rennveranstalter sein Debüt gab. Wie bei den Autorennen (die am nachfolgenden Tag stattfanden), waren die Motorräder in verschiedene Klassen eingeteilt. Eine wahre Flut von Meldungen brachte hier das erste Rennen, in dem Kleinkrafträder und Fahrräder mit Hilfsmotoren starteten. 54 Fahrer kämpften um sportliche Lorbeeren. Man sah fast alle Variationen von Hilfsmotoren, mit den verschiedensten Antriebsarten: über dem Vorderrad, im Rahmen, auf dem Gepäckträger etc. saßen die kleinen Motoren.

Die großen, für den Herbst geplanten Automobilrennen wurden ebenso wie die Automobilausstellung auf das nachfolgende Jahr verlegt. Nicht überall stieß dies auf positive Aufnahme. In der AAZ kommentierte »einer der bekanntesten Sportleute« (dessen Name nicht genannt wurde): »*Wir können die Güte unserer Fabrikate nicht eindrucksvoller beweisen als durch Rennerfolge, die nicht nur dem siegenden Wagen oder dem siegreichen Fabrikat von Nutzen sind, sondern all den Firmen, deren Fabrikate die gesamte Streckte in guter Durchschnittszeit zurücklegen. Die Propaganda, die sich hieraus entwickeln läßt, ist eine ungeheure und eindrucksvolle, besonders aber dann, wenn man sich noch entschließen könnte, genaue Prüfungen über Betriebsstoffverbrauch in jeder Klasse und Preise hierfür sowie für die regelmäßigsten Rundenzeiten einzuführen, wobei also ein derartiges Rennen nicht allein einen Schnelligkeitswettbewerb, sondern auch zugleich (...) einen Zuverlässigkeitswettbewerb usw. darstellt. (...) Daß derartige Rennen die allerernstesten Prüfungen darstellen und zu Verbesserungen der Fabrikate führen, die im Interesse der Industrie liegen, dürfte klar sein. Nur Entwicklung, nur Höher›züchtung‹ bringt uns voran, und je mehr Prüfungsmöglichkeiten, desto mehr Ausbau- und Auswertungsmöglichkeiten.*«

Am Sonntag, dem 11. Juni 1922, lief dann doch noch ein Avus-Rennen für Automobile.

Als Neuerscheinung interessierten vor allem die drei Mollwagen, die einen Motor von Siemens & Halske eingebaut hatten. Die Mollwagen stammten aus Oberlichtenau b. Chemnitz, waren aber nur ein Nebenerwerbszweig des Unternehmens, welches das meiste Geld mit Fässern und Sauerstoff machte. (1925 ging die Moll-Werke AG in Konkurs.)

Die meisten Firmen hatten von dem Unfall des Simson-Wagens beim Avus-Rennen 1921 gelernt, dem ein Stein den Kühler leckschlug, und hatten nun vor dem Kühler ein Drahtsieb zum Schutz angeordnet.

Einer der Horchwagen hatte einen Benzinrohrbruch und schied aus.

Eher eine Kuriosität war der Rossnekwagen, der einen Zwei-Zylinder-Zweitakt besaß. Der Fahrer – so die AAZ vom 29. Juli 1922 – *»bastelte im letzten Augenblick noch einmal an Vergaser und Zündung. Hierbei hat er anscheinend die Sache verschlechtert, denn der Wagen kam für das Rennen überhaupt nicht in Frage.«*

Schwierigkeiten hatten überhaupt einige Firmen, bevor sie zum ADAC-Avusrennen am 11. Juni antreten konnten. Wegen des süddeutschen Metallarbeiterstreiks, der fast zwei Monate dauerte, traten Probleme bei der Materialbeschaffung bei den vom Streik betroffenen Firmen auf. Die AAZ Nr. 18/1922:

»Trotzdem ist begründete Aussicht vorhanden, daß die vom Streik betroffenen Werke, die bereits gemeldet haben, wohl mit ganz geringen Ausnahmen ihre Fahrzeuge rechtzeitig fertigstellen können. Bei einigen Fabrikaten jedoch, die bisher noch keine Meldung abgegeben haben, wie z. B. Adler, Wanderer, Presto und Stoewer, besteht wohl der lebhafteste Wunsch, noch den zweiten Meldeschluß wahrzunehmen und vor diesem Termin zu nennen, auf der anderen Seite aber auch eine gewisse Unsicherheit, ob aus oben erwähnten Gründen die Fahrzeuge rechtzeitig startfertig gemacht werden können.«

Letztlich klappte es doch.

Vor den Boxen zum Avus-Rennen 1921: Der spätere Siegerwagen von Benz auf einem 6/18 PS Vierzylinder in Torpedokarosse.

-Reifen
AUTO-UNION

BERLINER »ASPHALTKRIEG«

Eine erhebliche Gefahr bildeten nicht nur die bis zu zehn Zentimeter tiefen Senkungen in der Straße, die auf mangelhafte Verdichtung des Untergrundes zurückzuführen waren. Diese Dellen wurden auch mit einem Material ausgeglichen, das zu Beginn der dreißiger Jahre zu heftigsten Auseinandersetzungen führen sollte: Asphalt. Denn bis zu diesen Jahren waren viele Stadtstraßen mit dieser bituminösen Masse befestigt worden. Doch gleich mehrere Umstände machten den damals verwendeten Stampfasphalt zu einer insbesondere bei Regen gefährlichen Fahrbahnoberfläche. Das Bindemittel, Bitumen, war zu weich, erst später wurde es mit etwa zehn Prozent Teer versetzt, um das Gemisch zu härten. Noch 1932 kritisierte der frühere Avus-Direktor von Lengerke das Material: *»Der über eine Bitumendecke bei warmer Witterung gehende Verkehr bügelt das auf der Oberfläche liegende Gesteinskorn in die Decke ein, und die außerordentlich zähen und langlebigen Öle des Bitumens dringen von unten nach oben durch. Sie überziehen die rauhen Bruchkanten des über die Deckenfläche herausragenden Deckkorns mit einer zähen, gummiartigen Schicht, die ihr die Rauheit nimmt, bei Regen schnell abkühlt, hart wird und eine Fahrbahn schafft, die eine erheblich geminderte Griffigkeit aufweist. Dieser Vorgang ist auf der Avus mehrere Jahre hindurch beobachtet worden und hat nicht nur bei Rennen zu Unglücksfällen und Stürzen, sondern auch im normalen Schnellverkehr zu Gleit- und Schleudererscheinungen geführt.«* Auf die Unfälle von 1926 bezogen, fügte von Lengerke hinzu: *»Hätten die Verunglückten die Sache gekannt, eine endlose Kette von Regreßansprüchen gegen die Avus wäre die Folge gewesen.«*

Auf den Stadtstraßen war zwar die Geschwindigkeit wesentlich geringer, schon 1911 hatte sie der Magistrat auf 25 km/h festgelegt. Dafür war aber der Verschmutzungsgrad überproportional zur Verkehrsbelastung größer. Denn Pferdefuhrwerke ließen nicht nur die für Luftreifen gefährlichen Hufnägel zurück, sondern auch Mist. Staub und aus den Motoren und Getrieben tropfendes Öl bildeten bei Regen sogar eine richtige Glibberschicht, die die Reibung zwischen Rad und Straße vor allem beim Bremsen nahezu vollkommen aufhob. Bremstests auf trockenem Stampfasphalt ergaben, daß der Wagen bei Vollbremsungen selbst aus 40 km/h nicht mehr zu beherrschen war. Versuche bei Nässe stellte man nach einigen Karussellbremsungen sofort ein. Die Ursachen für die Schliddereien dürften damals aber nicht nur in den Fahrbahnen, sondern auch in den aus heutiger Sicht völlig unzureichenden Reifen und Bremsen gelegen haben. Pneus waren recht teuer und wurden oft erst dann gewechselt, wenn das Gewebe der Karkasse hervortrat; außerdem begann man erst zu diesem Zeitpunkt verstärkt nach günstigeren Gummimischungen und Profilen zu forschen. Nur wenige Autos dieser Jahre waren zudem mit Vierradbremsen ausgestattet, meist wurde nur eine Achse gebremst. Die Backen der Trommelbremsen ließen sich nicht mit der heute üblichen Hydraulik betätigen, sondern wurden von Seilzügen bewegt. Eine gleichmäßige Verzögerung war daher »Einstellungssache«.

Je stärker die wirtschaftlichen Probleme gegen Ende der zwanziger und zu Beginn der dreißiger Jahre in Erscheinung traten, desto heftiger tobte in Berlin, aber nicht nur hier, der »Asphaltkrieg«. Die Steinindustrie verteufelte Asphalt und Teer gleichermaßen. Es hieß, Asphalt sei zu rutschig und Teer bei Kälte zu spröde, die laufenden Straßenunterhaltungskosten aufgrund der

Bitumen, Asphalt, Beton oder Kopfsteinpflaster – alle Straßenbeläge bedeckten die Schnellstraße im Grunewald. Im Hintergrund rangen die Lobbyisten der Tiefbauzuliefererindustrie um den Zuschlag für das zukünftige Großgeschäft der Reichsautobahnen. Im Grunewald fiel die Entscheidung zu Gunsten des »deutschen« Rohstoffs Beton. Noch Jahrzehnte später wurden Berlin-Besucher dank dieser Entscheidung zwischen Helmstedt und Dreilinden kräftig durchgeschüttelt...

Linke Seite, oben: Mit dem Auto gekommen, um Autos zu sehen. Schon in den zwanziger Jahren war der Abstellplatz für die Besucher gut genutzt.
Unten: Aber auch das Gesteinskorn bereitete einige Probleme. War es zu groß, dann rissen die Autoreifen Teilchen aus der Fahrbahn heraus. Es brauchte etliche Versuche, bis die richtige Korngröße gefunden war.

häufigen Reparaturen zu hoch. Nur Natursteine böten bei etwas höheren Investitionskosten jahrelange Stabilität, wurde argumentiert.

Die Teerlobby verwies nicht nur auf die Gefahren des »Rutschasphalts«, sondern warb auch mit der Herkunft ihrer Ware. Teer war schließlich ein Abfallprodukt der Kohleentgasung, es entstand in größeren Mengen bei der Gewinnung von Koks, der seinerseits für die Verhüttung von Stahl gebraucht wurde. Den Bitumenfreunden machte die Teerlobby zum Vorwurf, sie verschwende teure Devisen für die Einfuhr. Jeweils etwa 1,5 Millionen Reichsmark, so rechneten die Teerleute, habe man in den letzten Jahren der Volkswirtschaft entzogen.

Die Vertreter der Bitumenindustrie konterten sofort. Sie nahmen für sich in Anspruch, deutsche Arbeitsplätze zu sichern. Denn Bitumen werde bekanntlich bei der Verarbeitung von Rohöl gewonnen, auf dessen Produkte Deutschland ohnehin nicht verzichten könne. Das stimmte auch, denn mit den niedersächsischen Förderfeldern allein war der deutsche Bedarf nie, noch nicht einmal unter den autarkiewütigen Nazis, zu decken. Selbst sie schafften es lediglich auf acht Prozent. Die Hauptmenge des Rohöls, aber auch des fertigen Benzins, mußten eingeführt werden. Lieferländer waren neben den USA auch Rußland, Persien, Rumänien und Niederländisch-Westindien. Kleinere Mengen (ab 1934 wieder mehr) kamen aus Peru.

STRASSENBAU-EXPERIMENTE

Und schließlich hatte die Bitumenindustrie noch einen Trumpf im Ärmel: *»Daß das deutsche Volk trotz aller Not* (man schrieb das Jahr 1932) *täglich für eine Million Reichsmark Kaffee trinkt oder, was viel schlimmer ist, für 1,5 Millionen Reichsmark täglich Tabak in die Luft pafft, wird verschwiegen und vergessen!«* [11]

Selbst der Fachzeitschrift »Die Straße« reichte der Hickhack im August 1932. Es gab mit über sechs Millionen Arbeitslosen wirklich andere Sorgen. Sie beendeten den Streit auf ihren Seiten mit dem Hinweis, daß *»wir in Deutschland so viele Straßen zu bauen und zu unterhalten haben, daß jede Baustoffindustrie zu ihrem Recht kommen wird«* [12]. Die Auseinandersetzung war als Bluff durchschaut worden, denn unter der Hand waren sich zumindest die Teer- und die Bitumenlobby einig.

Das hatte auch der Berliner Magistrat zu spüren bekommen, der angesichts einer Arbeitslosenquote von 90 Prozent einen Sechs-Millionen-Mark-Topf für Straßenbauarbeiten im Notstandsprogramm öffnen wollte. Nachdem die Ausschreibung am 10. August 1932 veröffentlicht worden war, sandte nur die Steinindustrie schnell ein faires Angebot zurück. Die Teer- und die Bitumen-Mafia hingegen bildeten eine Arbeitsgemeinschaft. Trotz der Eilbedürftigkeit des Programms für die Arbeiter mußte der Magistrat eine neue Ausschreibung verfügen, weil er sich die Preise nicht diktieren lassen wollte.[13]

Lachender Vierter waren bald darauf, unter der Naziherrschaft, die Beton- und Stahlliga. Beton wurde zum Bau der Autobahnen vorrangig verwendet, weil es hier in reichlichen Mengen gewonnen werden konnte. Die flüssigen Produkte, die bei der Kohleentgasung entstehen (zum Beispiel Teer), brauchte man für die Synthetisierung von Kraft- und Schmierstoffen. Die Verarbeitung von Erdöl, das gegen Devisen (und nicht im Tausch gegen Waren) eingeführt werden mußte, konnten sich die Nazis in immer geringerem Maße leisten.

1926 war die Avus als Rennbahn also zum ersten Mal uninteressant geworden. Die hohen Geschwindigkeiten der Autos konnten dort nicht mehr gefahren werden und einem echten Rundkurs mit seinen Anforderungen an fahrerisches Können und an die Straßenlage der Fahrgestelle bot sie keine Konkurrenz. Strecken, wie zum Beispiel der Eifelrundkurs, boten schon wesentlich mehr. Zwar mußten auf dem 33,2 Kilometer langen Kurs die Dörfer Nideggen, Wollersheim, Vlatten, Heimbach, Schmidt und wiederum Nideggen passiert werden, doch gab es dort insgesamt 86 Kurven und gut 256 Meter Höhendifferenz. Geradlinige Streckenteile waren höchstens etwa 300 Meter lang. 1922 startete dort schon Caracciola auf einem Fafnir-Wagen, sein Onkel, Karl Springsfeld, war Direktor bei Fafnir. Auch 1924 und 1925 wurde auf dem Rundkurs gefahren, zwei Jahre darauf war der Nürburgring fertiggestellt.

Die langen Geraden ohne nennenswerte Höhenunterschiede der Avus jedoch stellten schon 1926 *»das Beweisobjekt für die Unzulänglichkeit der straßenbautechnischen Entwicklung gegenüber dem technischen Fortschritt im Kraftfahrzeugbau«* dar,

Zwei Arbeitsschritte. Kurz hintereinander werden Untergrund und Fahrbahnlage hergestellt.

so drückte es wenigstens der spätere Avus-Direktor Reiners aus. *»Ruf und Bestand der Avus standen auf dem Spiele«*, obwohl Erfahrungen über die Wechselwirkung zwischen Fahrzeug und Fahrbahnbeschaffenheit, wie sie bei den Geschwindigkeiten der Rennwagen 1926 zutage traten, noch nirgends gesammelt worden waren.[14]

Und die Straßenbauversuchsstrecke am Bienroder Weg bei Braunschweig, die im Jahre 1926 eingerichtet wurde, konnte mit der Avus nicht verglichen werden. Dort hatten die Straßenbauer einen Kreis mit zunächst sechs Segmenten von jeweils 180 Metern installiert und dann mit den verschiedensten Fahrzeugen über längere Zeit benutzt. Ziel dieser Versuche war es, die günstigste Straßenoberfläche für die in der Praxis auftretende Hauptverkehrsart und Verkehrsmenge zu ermitteln. Denn eine Verbindungsstraße zwischen zwei Dörfern mit wenig Verkehr und geringer Belastung durch schwere Fahrzeuge konnte anders und billiger gebaut werden, als eine Chaussee in der Nähe von Großstädten. Wo welche Bauverfahren anzuwenden waren, ohne daß jedes Jahr teure Reparaturen notwenig würden, dies mußte in Braunschweig getestet werden.[15]

Die Avus sollte demgegenüber nicht nur halten, sondern auch bei höheren Geschwindigkeiten griffig bleiben. Von 1927 an wurden deshalb systematische Untersuchungen verschiedener Baustoffe unternommen. Hiermit begann die zweite, die eigentliche Karriere der Avus: sie wurde zum Freiluftlaboratorium für die Straßenbauindustrie. An diesen 20 Kilometern wurde geübt, was nachher beim Bau der Reichsautobahnen angewendet werden sollte. Eine große Zahl von Vorschlägen für den Bau von Nur-Auto-Straßen gab es in diesen Jahren schon, sie konnten aber aus finanziellen Gründen noch nicht verwirklicht werden. Dies blieb den Nazis vorbehalten, die sich um Geldfragen wenig kümmerten und Autobahnen zumindest inoffiziell als Investitionen auf spätere Gewinne betrachteten. Die Avus wurde somit zum Vorbild für die späteren »Straßen des Führers«.

Die Bauingenieure begannen ihre Lektion erst einmal mit der Analyse der Probleme, die mit dem Teer-Makadam aufgetreten waren. Die Unebenheiten der Fahrbahn waren immerhin so groß, daß Rennwagen bei höheren Geschwindigkeiten regelrecht hopsten und beim Wiederaufsetzen mit den Reifen Radierspuren auf dem Belag hinterließen. Die Ursache für die in den Jahren hineingefahrenen »Stolperschwellen« fanden sich im Untergrund der Strecke. Beim Bau hatten die Arbeiter zwar die Löcher verfüllt, die die gerodeten Baumstubben hinterlassen hatten. Doch die Straßenwalzen, mit deren Hilfe der Boden zusammengepreßt werden sollte, waren zu leicht, das

Um 1928 wurden auch weitere Stücke des Avus mit Beton überzogen.
Da man damals die Höhenunterschiede der Platten noch nicht kleinhalten konnte, war das Fahren von Stoß zu Stoß recht unkomfortabel. Deshalb entwickelten die Techniker schräglaufende Straßenfertiger. Das führte (wenigstens) zu einem rollenden »Seegang« beim Darüberfahren. Erst in den dreißiger Jahren und vor allem nach dem Krieg, entstanden Maschinen, die die Platten gleichmäßig herstellen konnten. Die Unterschiede zwischen den Plattenhöhen verringerten sich auf wenige Millimeter.

STRASSEN-FERTIGER

Erdreich nicht ausreichend verdichtet. Dies hatte erst der Verkehr vermocht. Ein weiteres Problem bildete der Lehmboden, der noch in den siebziger Jahren im Bereich der Siedlung Eichkamp bei der Verbreiterung der Avus entfernt werden mußte. Lehm vergrößert sehr stark sein Volumen, wenn er viel Feuchtigkeit hat aufnehmen können. Solche Druckunterschiede im Untergrund verkraftet kein Belag, ohne Dellen zu bekommen. Doch auch die Straßenwalzen selbst trugen zu den Wellen bei, wenn sie ungleichmäßig gefahren wurden.

Um sich über den mangelhaften Verdichtungseffekt durch das Walzen ein klares Bild zu machen, behandelten die Ingenieure ein Stück der Fahrbahnen wie gewöhnlich. Mit einer herkömmlichen Walze wurde es zweimal befahren. Nur wenige Tage später gingen die Fachleute mit einer Pflasterramme an die neue Fahrbahn heran. Sechs Stampfschläge genügten, und Nachverdichtungen, also neue Dellen von zwei Zentimeter Tiefe, waren entstanden. Diese Erkenntnisse erzwangen eine völlige Abkehr von der bislang üblichen Teerstraßenbauweise.

Man sah sich bei anderen Bereichen um und griff letztlich auf Methoden aus dem Betonstraßenbau zurück, die schon Mitte der zwanziger Jahre aus den USA nach Deutschland gelangt waren. Bei dieser Technik hatten die Ingenieure die Fragen der Verdichtung des Materials schon geklärt, sie laborierten zu diesem Zeitpunkt »nur« noch an der Zusammensetzung des Betons. In Zusammenarbeit mit der Continentalen Teerstraßengesellschaft begann man nun, eine großflächig arbeitende Betonstaßenbaumaschine für den Betrieb mit Teerbeton, einem Gemisch aus Teer, Splitt, Sand und anderen Mineralien, umzubauen.

Diese Baumaschinen, die sogenannten Straßenfertiger, bildeten einen wesentlichen Fortschritt bei der Herstellung von Straßen, da mit ihnen nicht nur akkurater, sondern auch erheblich schneller gearbeitet werden konnte. Auf Schienen links und rechts der Trasse lief ein Trägergestell, das als wichtigste Bestandteile eine waagerecht pendelnde, planierende Abgleichbohle sowie eine mächtige Stampfbohle enthielt.

So entstanden schon 1928 gut 8000 der insgesamt 170 000 Quadratmeter Straßenfläche der Avus aus Teerbeton, im Jahr darauf kamen noch weitere 70 000 Quadratmeter Teerbeton hinzu. Die vorhandene Oberfläche betrachteten die Ingenieure als willkommenen Unterbau. Sie wurde deshalb nur leicht angeteert und mit einer Binderschicht versehen, die außerdem auch störende Unebenheiten beseitigte. Je nach Bedarf setzte man gröberen Splitt oder feineren Sand dieser Ausgleichsschicht zu. Nach dem ersten Abgleichen und Stampfen breiteten die Arbeiter die eigentliche neue Deckschicht aus, die wiederum abgeglichen und gestampft wurde. Den Test mit einer Stampframme überstand das neue Stück wenige Tage nach der Fertigstellung ohne Dellen.

Nachdem die Frage der Standfestigkeit und des Oberflächenabgleichs zufriedenstellend geklärt war, widmeten sich die Straßenbauer den Problemen des Abriebs und des Herausreißens von Splitteilchen. Wie sich nach einigen Testreihen herausstellte, durften die Splittpartikel an der Oberfläche nicht größer als zehn Millimeter sein, sonst wurden sie von den schnellaufenden Autoreifen poliert oder sogar aus der Teerschicht herausgelöst. Nur wenn kleinere Korngrößen verwendet wurden, behielt die Straße auch über einen längeren Zeitraum ihre Griffigkeit. *»Der saugende Schnellverkehr hatte ihr ein Aussehen gegeben, als ob sie mit einem scharfen Drahtbesen abgekehrt worden wäre. Das Korn in der Oberfläche wirkte wie ein Miniaturgebirge. Die Kornspitzen ragten selbst bei starken Regenfällen so weit heraus, daß gefahrlos hohe Geschwindigkeiten gefahren werden konnten«*, schwärmte Avus-Direktor Reiners später.[16]

Schon 1915 waren 240 Meter Fahrbahn der Avus aus Beton hergestellt worden.

BETON SETZT SICH DURCH

Selbst bei den geringen Fahrzeugzahlen hatte dieser Belag besser als alle anderen gehalten. So begannen die Betonbauer 1928 an einem rund 2800 Quadratmeter großen Stück. Die sieben und acht Meter langen Platten wurden direkt auf den Teeruntergrund der alten Straße aufgetragen. Noch sieben Jahre später präsentierten sich die nur zehn Zentimeter dicken Platten in einem guten Zustand, lediglich an zwei Stellen waren Risse aufgetreten.

Die Betonbauweise hatte jedoch einen auch heute noch von einigen alten Transitstreckenteilen her bekannten Nachteil. An ihren Fugen waren beim Guß Querrinnen entstanden, die die Autos in rhythmische Schwingungen versetzten. Waren die Schwingungen auch nur in seltenen Fällen gefährlich, so beeinträchtigten sie doch immerhin den Fahrkomfort. Mit der damals verwendeten Technik ließen sich die Rinnen nur auf ein bestimmtes Minimum verringern, sie blieben im Auto immer noch spürbar. Deshalb versuchte man, den Straßenfertiger quer zur Fahrtrichtung zu betreiben. Dadurch bildeten sich Querrinnen, die ihrerseits in einem Winkel zur Längsrichtung der Fahrbahn standen. Die Räder einer Autoachse kippten nun nicht mehr gleichzeitig, sondern nacheinander in die Rinnen. Dies erschien hinnehmbar, kam es doch nicht mehr zum ermüdenden Nicken des Wagens, sondern nur noch zu einer Art »rollenden Seegangs«. Diese aufgrund verbesserter Geräte heute nicht mehr angewandte Technik von 1931 galt als wesentliche Verbesserung.

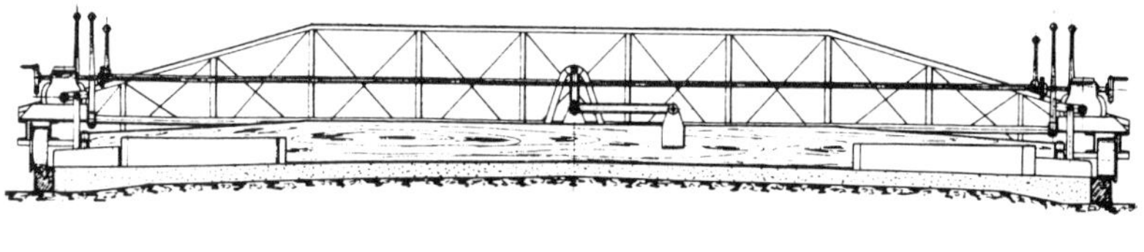

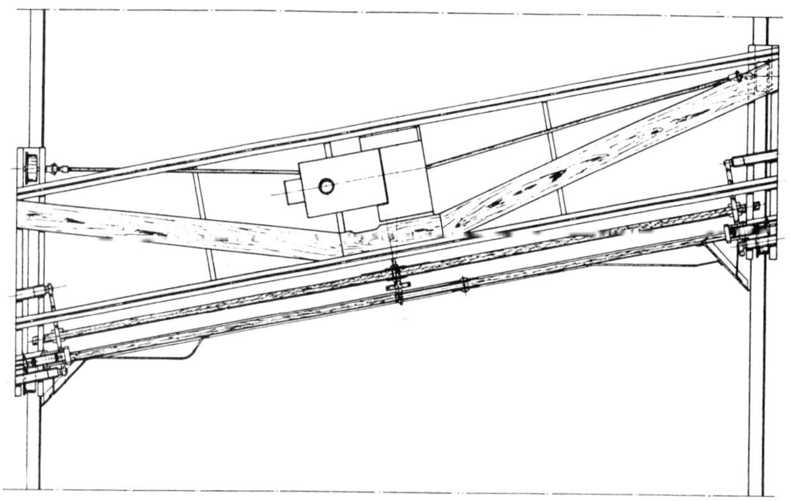

Erst 1935 gelang dem Baumaschinenhersteller Dingler der wirkliche Durchbruch. Seine Entwicklung ermöglichte es, die Unebenheiten am Stoß bei einer Plattenlänge von acht Metern unter sieben Millimeter zu halten. In diesem Gerät waren Hämmer installiert, die die Aufgabe hatten, den Beton vorzuverdichten. Im anschließenden Schritt desselben Arbeitsganges wurde der Beton von einer Stampfbohle in die richtige Form gebracht. Ein dahinter angebrachtes Egalisierblech strich zum Abschluß über das abbindende Material und verlieh ihm den letzten Schliff.

Mitte der dreißiger Jahre bestand die Avus aus gut 82 000 Quadratmeter Teerbeton (dies entspricht bei einer Fahrbahnbreite von insgesamt acht Metern einer Länge von mehr als zehn Kilometern), aus 62 000 Quadratmetern Reinbetonoberfläche sowie aus 11 000 Quadratmetern Klinkerbelag und Kleinpflaster. Die Gesamtkosten von etwa 1,4 Millionen Reichsmark trug die Avus-Gesellschaft. Sie leistete damit *»Pionierarbeit«*, um dem *»Kraftfahrzeugschnellverkehr und seinen ständig gesteigerten Ansprüchen entsprechende Straßenbauverfahren zu entwickeln«*, lobte Reiners seinen Arbeitgeber.

Reiners' Begriff vom Kraftfahrzeugschnellverkehr war allerdings auch noch 1936 relativ zu sehen, der Geschwindigkeitsabstand zwischen herkömmlichen Autos und den Rennwagen vergrößerte sich erheblich. So betrug die Durchschnittsgeschwindigkeit des Verkehrs auf der Avus 1926 etwa 52 km/h, Rennwagen brachten es schon auf – für damalige Verhältnisse wagemutige – 154 km/h. 1934 floß der allgemeine Verkehr zwischen Funkturm und Nikolassee mit 80 km/h, die Boliden erreichten in diesem Jahr aber erstmals knapp 250 km/h

Auch wenn von Verkehr auf der Avus die Rede ist, dürfen keinesfalls heutige Maßstäbe angesetzt werden. Denn im ganzen Deutschen Reich gab es 1934 nur 1,6 Millionen Kraftfahrzeuge (im Bundesgebiet heute etwa 35 Millionen), in Berlin waren knapp 127 000 Autos, Motorräder und Lastwagen angemeldet (heute: rund 650 000). Deshalb sind die 500 000 Fahrzeuge, die Reiners pro

Jahr auf der Avus gezählt haben will, schon reichlich hoch gerechnet. Eine heutige Hauptverkehrsstraße erreicht diesen Wert freilich in weniger als anderthalb Monaten mühelos. Auf dem Stadtring West am Rathenautunnel wird dieses Verkehrsaufkommen, wie schon angeführt, sogar in weniger als vier Tagen gezählt.

Ein Vorteil der Autobahnen zeigte sich allerdings schon in diesen Anfangsjahren der Avus: sie war überaus sicher. Ganze sieben Kollisionen mit Personenschäden sollen den Quellen zufolge dort pro Jahr geschehen sein.

Wie die Avus-Gesellschaft bei so wenigen Kunden überhaupt finanziell über die Runden gekommen ist, bleibt ein Rätsel. Die ersten Jahre ihres Bestehens waren mager gewesen. Im Oktober 1921 hatten nur 8000 Autofahrer den Reiz des Neuen spüren wollen, im August 1922 waren es 12 000. Der Juni 1923 verzeichnete 13 000 Kunden, der selbe Monat des Folgejahres 27 000. Die bis dahin steigenden Zahlen gingen allerdings 1926 zurück, die Gesellschaft mußte die Tarife um 20 Prozent senken. Hierbei berücksichtigte man vor allem die Zehner- und Jahreskarten. Schon im Jahr darauf wurde wieder mehr Verkehr registriert, der *»es voraussichtlich ermöglichen wird, die recht ansehnlichen Unterhaltungskosten auch bei herabgesetzten Fahrpreisen aufzubringen«*, hieß es in dem Jahresbericht 1927 optimistisch.[17]

Unten: So begann die eigentliche Karriere der Avus als Freiluft-Laboratorium der Straßenbauindustrie. Vor allem die Dinglerwerke entwickelten hier Geräte, die aus dem Betonstraßenbau stammten und für den Teereinsatz umgebaut wurden. Stampfbohlen verfestigten die Fahrbahn, Abgleichbleche schufen eine glatte Oberfläche. Links: Skizze eines Betonstraßen-Schrägfertigers.

37

GROSSER PREIS VON DEUTSCHLAND 1926

38 Wettbewerber um den Großen Preis von Deutschland nahmen um 1 Uhr mittags, 11. Juli 1926, am Ersatzteillager auf der westlichen Graden der Avus Aufstellung. Die lange Reihe wurde über die Nordschleife zum Startplatz geführt, wo sie die vorgeschriebene Anordnung in drei Gruppen nach ihren Stärkeklassen durchführte. Eine Minute vor 2 Uhr donnerten die zehn Motoren der größten Klasse los, und um Punkt 2 Uhr senkte der Starter die weiße Flagge, der Ring war freigegeben.

Berlin befand sich im Rennfieber. Ein Jahrzehnt des Niedergedrücktseins durch Krieg, Soldatenaufstände und Kapp-Putsch, Inflation und Armut schien vergessen. 230 000 Berliner umlagerten den Avus-Ring und drängelten sich auf den Tribünen. Gebannt folgten sie den Wagenpulks aus dem In- und Ausland und lauschten heiseren Stimmen aus riesigen Siemens & Halske-Lautsprechern, die ständig den neuesten Stand des Rennverlaufs meldeten.

1926 herrschte auf der Avus Rennkonjunktur. Das erste Mal hielten die Staaten der Entente ihren Boykott nicht weiter aufrecht und beschickten die schnelle Grunewaldbahn mit Autos. Insgesamt 46 Nennungen waren eingegangen, darunter 16 aus dem Ausland (Frankreich, Italien, Schweiz, Tschechoslowakei).

Schon vor Beginn wurde der Glanz des Rennens durch einen tödlichen Unfall überschattet. Der Mailänder Enrico Platé kollidierte bei einer Proberunde auf seinem Chiribiri-Monza mit einem NAG. Der italienische Wagen überschlug sich. Platé kam schwer verletzt ins Krankenhaus, sein Mechaniker und Beifahrer Piroli starb noch am Pistenrand. Soweit später festgestellt werden konnte, war dieser Unfall ausschließlich auf die Tatsache zurückzuführen, daß Platé nach beendetem Training noch mit 120 km Stundengeschwindigkeit aus der Südkurve herangebraust kam.

Dieser Unfall während der Vorbereitung des Rennens war ein unheilvolles Omen für das Rennen selbst. Die Avus-Rennen hatten sich in all den vergangenen Jahren vor allen Dingen dadurch ausgezeichnet, daß sie ohne jeden Unfall ausgefahren wurden. Die automobilistische Wettfahrt am 11. Juli wurde aber ein Tag der Trauer, wenngleich das Gros der Zuschauer emotionslos darüber hinwegsah und es bei einem Crash eher ein erhöhtes Nervenkitzeln spürte. Das Publikum war mit seinen Gedanken woanders. Es interessierte vor allem die Frage: Wer würde die Rennlorbeeren ernten und den 1 Kilo schweren Goldpokal des AvD sowie die Prämie von 10 000 Reichsmark gewinnen? Etwa die Italiener und Franzosen zum Jubel der ganzen romanischen Welt? Seit der Niederlage im Ersten Weltkrieg galt es in weiten Kreisen der Bevölkerung noch, Revanche zu nehmen für die »Schmach von Versailles«, und wenn dies beim Autorennen geschah!

Tatsächlich führte der erste »Große Preis von Deutschland« zu einem glänzenden Sieg deutscher Wagen und Fahrer über die berühmtesten Fabrikate und Rennpiloten des Auslands. Französische und italienische Fabrikate ersten Ranges (Alfa Romeo, Bugatti, O. M., Talbot) konnten besiegt werden. Amerikanische Wagen hatten sich dem Wettbewerb überhaupt nicht erst gestellt!

Der Ausfall an Fahrzeugen während des Rennens war groß. Am Ziel trafen später nur elf deutsche und sechs ausländische Wagen ein.

Zu den Favoriten gehörten natürlich die zwei Mercedes-Wagen von den Daimlerwerken in Stuttgart-Untertürkheim.

Nachdem feststand, daß der Große Preis von Deutschland für Sportwagen am 11. Juli

Erstmals fand der »Große Preis von Deutschland« auf der Avus statt. Trotz internationaler Beteiligung und großer Kulisse wurde es ein schwarzer Tag für die Berliner Rennstrecke. Schwere Unfälle mit tödlichem Ausgang überschatteten den enthusiastisch gefeierten Sieg Rudolf Carraciolas auf einem von Ferdinand Porsche konstruierten Mercedes-Rennwagen.

Linke Seite: Das Teilnehmerfeld des Großen Preises von Deutschland durchfährt den Startbereich. Unten: Rudolf Carraciola, der Sieger von 1920, beim Avus-Rennen 1931 auf einem Mercedes-Benz SSK, auf dem er eine Durchschnittsgeschwindigkeit von 186 km/h erreichte.

Zuschauerandrang beim Großen Preis von Deutschland.

Einiges über den »Großen Preis von Deutschland«.

Ein gewisser Kreis von Menschen und auch ein Teil der Presse (der sich ewig gleich bleibende) haben anläßlich der eingetretenen Unglücksfälle sich bewogen gefühlt, eine wenig schöne Polemik zu führen und Schlagworte tendenziöser Art zu prägen. Ja man hat sogar der Rennleitung den Vorwurf gemacht, daß sie das Rennen nicht abgebrochen hat und man hat laut in die Welt hinein geschrieen, daß die Avus für Rennen absolut untauglich sei. Wenn man im neuen Deutschland auch nach keiner Richtung hin verwöhnt ist, so dürfte heute bereits feststehen, daß all diese Schreier ungerufen und ohne Sachkenntnis geurteilt haben. – Selbstverständlich sind die eingetretenen Unglücksfälle schwer zu bedauern und keiner wird dies mehr tun, als die Rennleitung und die Avusdirektion. Keiner von beiden Teilen konnte aber im voraus ahnen, daß derartige Unfälle überhaupt eintreten könnten. Pflicht derjenigen, die heute den Mund über Todesfahrt und dergleichen aufreißen, wäre es gewesen, wenn sie die Avus für untauglich gehalten hätten, vorher ihre Stimme zu erheben, denn nachher kann jeder schreien. Unumwunden wird auch

1926 als erstes internationales Automobilrennen nach dem Ersten Weltkrieg ausgefahren werden würde, wollte auch Daimler als bekannteste deutsche Automobilmarke Flagge an der Spree zeigen. Allerdings war gemäß der Ausschreibung der Große Preis nur für Wagen bis zu 3 Liter Hubraum offen, und der bekannte Mercedes mit 6 Liter-Kompressor-Motor durfte daher nicht an den Start gehen. Es kam für dieses Rennen nur der 2 Liter-Mercedes-Sport mit 8 Zylinder-Motor in Frage, eine Konstruktion von Ferdinand Porsche! Eine Mitte Juni 1926 nach Berlin entsandte Delegation der Rennfahrer Werner und Rosenberger mit Wagen ergab die grundsätzliche Eignung dieses Modells für das Avusrennen, obwohl – wie ein Daimlerprotokoll festhielt – *»die Verfassung, in der sich die Avus z. Zt. befindet, ein Ausfahren der vollen Geschwindigkeit nicht zuläßt«*. Trotzdem durften die Schwaben mit einem günstigen Abschneiden rechnen. Als Fahrer wurden Adolf Rosenberger und Rudolf Carraciola bestimmt, die beide schon Erfahrungen bei Bahnrennen besaßen.

Anfang Juli begaben sich die beiden Fahrer mit ihren Wagen nach Berlin, um unter Leitung von Dipl.-Ing. Nallinger das Training aufzunehmen. Hierbei zeigte sich, daß auch die ausländische Konkurrenz im Training ausgezeichnete Leistungen unter Beweis stellte und keinesfalls unterschätzt werden durfte. Vor allem waren es die beiden Talbot-Wagen (1,5 Liter) von Chassagne und Urban-Emmrich sowie der 1,5 Liter O. M. von Minoia sowie der 3 Liter-Alfa-Romeo von Cleer, die als schärfste Gegner in Frage kamen, zumal ein volles Ausfahren der überlegenen Geschwindigkeit der Mercedeswagen sich durch den Zustand der Bahn verbot.

Sofort bei Rennbeginn übernahm Rosenberger auf seinem die Startnummer 19 tragenden Mercedes die Führung des Rennens, die Schnelligkeit seines 8-Zylinders bis zur äußersten möglichen Grenze ausnutzend. In der 3. Reihe seiner Klasse gestartet, hatte er sich schon in der ersten Runde an die Spitze geschoben, um in der 2. Runde auch die 2 Minuten früher gestarteten starken Wagen zu erreichen. Carraciola hatte durch schlechtes Abkommen von der Startlinie zunächst Boden verloren, nahm aber dann die Verfolgung des Feldes auf und gewann rasch wieder Anschluß. Immer mehr vergrößerte Rosenberger seinen Vorsprung, in der dritten Runde einen Durchschnitt von nahezu 170 km/h fahrend. Er gab seine Führung in der Gesamtplazierung nicht ab – bis zur siebten Runde, als ein Unfall ihn aus dem Rennen warf. An zweiter und dritter Stelle in der Gesamtplazierung lagen die beiden außerordentlich schnellen Talbot-Wagen, die sich damit als die beiden ernsthaftesten Gegner entpuppten. Minoia auf O. M. wurde durch Rosenberger in der sechsten Runde erreicht und überholt. Rosenberger mußte, da Minoia in diesem Augenblick etwa 185 km/h Geschwindigkeit fuhr, ihn mit ca. 200 km/h passiert haben. Carraciola verbesserte in jeder Runde seine Position und rückte mehr und mehr zu den Führenden auf.

Inzwischen hatte ein Gewitterregen eingesetzt, der besonders in der nördlichen Hälfte der Bahn ziemlich heftig war und dem Asphaltbelag zusammen mit dem darauf stehenden Öl eine gefährliche Glätte verlieh. Der Asphalt der Avusbahn war nicht, wie dies bei anderen Rennbahnen der Fall war, mit Sand durchsetzt, bot daher, wenn er naß war, nur noch eine geringe Adhäsion. Alle Fahrer, auch Rosenberger, gingen nach Einsetzen des Regens in ihrer Geschwindigkeit zurück. Nachdem Rosenberger in der siebten Runde die Nordschleife durchfahren hatte, versuchte er nach Einbiegen in die Gerade seinen Wagen wieder zu beschleunigen. Unglücklicherweise war gerade an dieser Stelle die Fahrbahn erneuert und infolgedessen besonders glatt. Durch das starke Drehmoment der Hinterräder auf der glatten Bahn kam der Wagen ins Schleudern und ließ sich auf der schmalen, nach außen abfallenden Straße nicht mehr abfangen. Der Wagen drehte sich zweimal, geriet dabei mit den Vorderrädern auf die Grasböschung neben der Straße, wurde dadurch hochgeschleudert und sauste katapultartig mit der vollen Breite der Unterseite, das Eisengestänge einer dort stehenden Zeittafel zerschmetternd, in ein Telefonhäuschen hinein, verkeilte sich und blieb dort hängen. Drei Hilfskräfte der Rennleitung waren auf der Stelle tot. Rosenberger kam mit leichten Verletzungen ins Krankenhaus, sein Mitfahrer Coqueline dagegen erlitt schwere Knochenbrüche.

Zwar war mit Rosenberger ein Favorit ausgeschieden, der gleich ein gewaltiges Tempo vorgelegt hatte, doch das Rennen ging weiter! In der Zeitwertung lag Urban-Emmrich auf Talbot an der Spitze, vor seinem Stallgefährten Chassagne, während sich Carraciola inzwischen auf den 3. Platz in der Gesamtplazierung vorgearbeitet hatte. Nach dem Unfall Rosenbergers blieb jedoch Carraciola in dem Mercedes-Depot für 10 Minuten halten, bis die Mercedes-Rennleitung entschied: *»Die stärkste Waffe der deutschen Industrie in diesem Rennen soll doch noch den Sieg an sich reißen!«*

Die Kette der Unfälle nahm kein Ende. Jean Chassagne, der Pariser Fahrer des Talbot, stürzte in der neunten Runde, er und sein Mitfahrer wurden erheblich verletzt. Ingenieur Alfred Mederer aus Berlin-Wilmersdorf, der einen Pluto-Sport steuerte, wurde aus der Bahn geworfen, ihm wurde die Oberlippe gespalten, seinem Mitfahrer Henkel die Hand erheblich verletzt.

Der zweite Talbot-Fahrer, der Prager Urban-Emmrich, geriet in der Nordkurve ins Schleudern und durchbrach die Abzäunung. Ein junges Mädchen und ein Polizeibeamter sowie ein Fotograf wurden schwer verletzt.

Die Fahrer konnte man kaum für diese Unfallkette verantwortlich machen; vielmehr entsprach die Avus-Bahn nicht mehr den Anforderungen, die 1926 an eine Rennstrecke gestellt werden mußten, auf der Rennen mit so hohen Geschwindigkeiten ausgefahren wurden. Mit scharfen Worten kritisierte die Fachzeitschrift »Das Auto«: *»(Es) gehört ein todesverachtender Schneid dazu, um bei einer derart unmodernen Bahn Rennen mit so großen Geschwindigkeiten auszufahren.«* Einmal war die Avus-Bahn viel zu schmal, so daß ein Überholen mit aufheulendem Kompressor außerordentlich erschwert wurde. Außerdem war die Bahn, namentlich nach der rechten Seite hin, ballig. Hierdurch lagen die Wagen, da ja nach Möglichkeit rechts gefahren werden sollte, ziemlich schräg auf der Bahn. Wenn nun Regen einsetzte, kamen die Wagen sehr schnell ins Schleudern. Geradezu fahrlässig war es, daß die rechte Seite, wo Zeittafeln, Hütten und dergleichen standen, nicht durch einen Schutzstreifen abgegrenzt waren.

Die Avus-Rennleitung und die Organisatoren vom AvD gaben nicht der Sicherheit den Vorzug und stoppten nach der Kette der Todesfälle auch nicht sofort das Rennen, sondern ließen unbeirrt die Wagen weiterkreisen. Carraciola arbeitete sich wieder an die Spitzengruppe heran. Nach der 13. Runde lag er auf dem 2. Platz, von der 15. Runde an lag er in Führung. Seinen Vorsprung allmählich vergrößernd, ließ er seine Gegner nicht mehr nahe kommen und erreichte 3 Minuten vor dem an zweiter Stelle liegenden NAG das Zielband, als Sieger im Großen Preis von Deutschland.

Zweitplazierter war der Lokalmatador auf dem Berliner NAG-Sportwagen, Christian Riecken. Schon kurz nach dem Start schoß der Werksfahrer aus Oberschöneweide mit hellem Klang an den Tribünen und

Der Klassensieger und Zweite des Gesamtklassements, der NAG-Fahrer Riecken, wird von den Berlinern gefeiert.

zugegeben werden, daß man aus diesem Rennen Erfahrungen gesammelt hat. Daß diese Erfahrungen für künftige Rennen in vollem Umfange bahntechnisch und in bezug auf die Sicherheit in die Tat umgesetzt werden, dafür bieten die Rennleitung des AvD und die Direktion der Avus die beste Gewähr. Die Rennleitung hat nach jeder Seite hin glänzend funktioniert und auch die Vorbereitungen waren geradezu musterhaft. Der Rennleitung des AvD und im besonderen dem Leitenden, Herrn C. O. Fritsch, muß das ungeteilte Lob dafür gespendet werden, daß sie trotz aller auf sie einstürmender Ereignisse und der Rufe nach Abbruch des Rennens genug Verantwortungsgefühl und Nerven gehabt haben, die Schlacht bis zu Ende durchzuführen. Diejenigen, die da das Rennen abgebrochen haben wollten, mögen sich gesagt sein lassen, daß durch eine solche nachträgliche Maßnahme das erfolgte Unglück um nichts gebessert worden wäre. Man hätte mit dem Abbruch des Rennens im In- und Auslande eine Schlappe schwerster Art erlitten, und zwar unnötig und ohne jeden Grund. – Wir wollen hoffen, daß die Avusleitung in kurzer Zeit alle Erfahrungen des 11. Juli in die Tat umsetzt.

von Wentzel-Mosau.
(Aus der AAZ vom 31. 7. 1926)

Gesamtklassement.

1. R. Caracciola (2 L. Mercedes) 2:54:17,8 = 135,1 km/h
2. Chr. Riecken (3 L. NAG) 2:57:33,2
3. M. Cleer (3 L. Alfa-Romeo) 3:00:16,8
4. Pierre Clause (2 L. Bignan) 3:02:07,4
5. Gg. Klöbler (1,5 L. NSU) 3:07:27
6. Prinz Max zu Schaumburg-Lippe (2 L. OM) 3:10:57,2
7. G. Scholl (1,5 L. NSU) 3:11:54,2
8. E. Islinger (1,5 L. NSU) 3:13:58,8
9. H. Santner (2 L. OM) 3:16:54,2
10. J. Müller (1,5 L. NSU) 3:18:25,4
11. F. Backasch (1,5 L. Brennabor) 3:21:26,2
12. Ed. Reichstein (1,5 L. Brennabor) 3:26:33,8
13. Fr. Feldmann (2,1 L. Hansa) 3:27:45,8
14. Edm. Orska (3 L. NAG) 3:28:11
15. Alb. Mitzlaff (1,5 L. Brennabor) 3:29:01,8
16. Hugo Urban-Emmerich (1,5 L. Talbot) 3:20:37,6
17. Max Wälti (1,5 L. Bugatti) 3:31:17,8

den langen Reihen der Waldplätze vorüber und war zusammen mit dem NAG-Fahrer Berthold der erste, welcher Runde Nr. 1 beendete. Nach 16 Minuten 31,8 Sekunden hatte Riecken die zweite Runde beendet. Dicht auf folgte Berthold mit 17 Minuten 2,2 Sekunden. Aber schon wurden die vielumjubelten NAG-Fahrer von Zwischenfällen betroffen, die kostbare Zeit schluckten. Riecken hatte den ersten Reifenschaden, und von Bertholds Reifen löste sich der Protektor, flog ihm in das Bremsgestänge und machte schließlich den Wagen bremsunfähig, so daß der routinierte Fahrer sein vierrädriges Kraftpaket mit verwundener Vorderachse in der Nordschleife stillegen mußte. Riecken nahm sein altes glänzendes Pace wieder auf, aber noch viermal wurde er von demselben Mißgeschick betroffen, daß ihn gleich zu Anfang des Rennens ereilt hatte. Nach der fünften Runde verzeichneten die Zeitnehmer 44 Minuten 34,8 Sekunden für seinen NAG. Nach der zehnten Runde hatte er die Hälfte des Rennens (200 km) in einer Stunde 30 Minuten 26,4 Sekunden hinter sich gebracht.

Beendet wurde das Rennen schließlich von dem gelernten Ingenieur Riecken nach zwei Stunden 57 Minuten 33,1 Sekunden.

Als Dritter stieg Alfa-Romeo-Fahrer Willi Cleer aufs Siegerpodest der 2 bis 3 Liter-Klasse.

LOKAL-MATADOREN

In der Klasse von 1100 bis 1500 ccm fuhren NSU-Kompressoren-Werkswagen der Konkurrenz auf Aga, Alfi und Pluto davon. Abgeschlagen war ein Bolle-Fiedler-Rennwagen (der einzige mit Zweitaktmotor).

Hecht im Karpfenteich der Klasse von 1 bis 1,5 Liter waren die drei blauen Brennabor-Wagen, der eine von dem Konstrukteur und Mitinhaber der Brennabor-Werke, Eduard Reichenstein, geführt, während in den beiden anderen die Brennabor-»Herrenfahrer« Mitzlaff und Backasch das Steuerrad in Händen hielten.

Die Brennabor-Serienwagen fuhren nicht um den Sieg um jeden Preis, sondern auf Durchhalten. Brennabor wollte seine Klasse als Präzisionswagen bei diesem wichtigen internationalen Wettbewerb vor aller Welt dartun. In geschlossener Phalanx begannen die drei Wagen aus Brandenburg an der Havel das Rennen, in geschlossener Phalanx überwanden sie die zwanzig Runden, und in geschlossener Phalanx gingen sie schließlich über das Zielband. Den Eindruck, den die Brennabor-Wagen auf das Publikum machten, stellte Rudolf Breuer in der »Kölnischen Volkszeitung« vom 12. Juli 1926 mit den Worten fest:

»Der fünfte bis siebente Platz der 1½-Liter-Klasse fiel an die deutsche Marke Brennabor, deren Wagen durch ihr besonders regelmäßiges Durchhalten berechtigtes Aufsehen und Bewunderung erregten.«

Presse und Besucher feierten nicht nur die in ihren Augen geradezu dahinfliegenden großen Kanonen von Mercedes, Alfa Romeo oder NAG, sondern auch die Geschlossenheit eines Rennteams. Die Brennabor-Werke jubelten euphorisch: *»Jetzt kommt Brennabor, Bravo Brennabor! so erscholl es immer wieder aus Hunderten von Kehlen, und als die drei blauen Fahrzeuge langsam und geschlossen die Ehrenrunde fuhren, da wollte gerade der Jubel des großen Publikums kein Ende nehmen. Der deutsche Verbraucher erkannte, daß hier ein deutscher Gebrauchs- und Serienwagen sich in einer der schärfsten Material- und Zerreißproben der Welt mit unerhörter Stabilität und Präzision bewährt hatte.«* Diese Leistung wurde auch offiziell durch einen Preis anerkannt: dem begehrten Ehrenpreis der Gleichmäßigkeit.

Am Abend des Avussonntages gab es im AvD-Clubhaus am Leipziger Platz eine große Feier, in deren Mittelpunkt natürlich der junge »Regenmeister Caratsch« stand. Er, zwei Jahre zuvor noch Mercedesverkäufer in Dresden, stand in diesem Moment am eigentlichen Beginn seiner Karriere. *»Gewiß, ich bin stolz auf diesen Sieg, aber ich bin mir klar darüber, daß ein solcher Sieg nichts bedeutet, daß man sich immer wieder bewähren muß, um sich wirklich oben an der Spitze zu halten«*, erklärte er dem ihn mit Ovationen überschüttenden Publikum.

Max Valier konstruierte die beiden Raketenwagen RAK 1 und RAK 2, mit denen Fritz von Opel Rekordversuche auf der Avus unternahm. Mit dem RAK 2 (unten) erreichte Fritz von Opel 1920 200 Stundenkilometer.

Continent
OPEL
OPEL

OPEL
RAK
2

DAS KONZEPT GREIFT RAUM

Die Erfahrungen mit der AVUS trieben in Deutschland, aber auch international, die Pläne für Autofernstraßen voran. Noch in der Weimarer Republik begann der Staat in Zusammenarbeit mit privaten Investoren Konzepte für ein reichsweites Fernstraßennetz zu entwickeln.

1934 war die Avus auf dem Höhepunkt ihrer eigentlichen, aber weitgehend unbekannten Karriere als Schrittmacher und Versuchsfeld für die deutsche Straßenbauindustrie angelangt. Im Laufe der Jahre hatten sich überdies Fachleute aus anderen Ländern die Entwicklungen und Erkenntnisse aus dem Grunewald zunutze gemacht. So berichtete Reiners von regen Kontakten zu amerikanischen, holländischen, belgischen, schwedischen, französischen, italienischen und ungarischen Straßenbauern. Die Nazis hatten derweil ganz andere Pläne mit jenen Straßen, die nach dem Vorbild der Avus konstruiert wurden. Freundschaftliche Verbundenheit zu anderen Nationen war kein Ziel mehr. Viele Strecken wurden nun gebaut, um ausreichende Aufmarschwege für den geplanten Angriffskrieg zu besitzen.

Wie in so vielen Bereichen brauchten die Nazis auch für ihre Autobahnpläne nur auf Ideen zurückzugreifen, die schon seit Jahren im Gespräch waren. Sie hatten für einige Strecken schon recht konkrete Formen angenommen, konnten aber aus Geldmangel nicht umgesetzt werden. Bei den Nazis spielten Fragen nach der Finanzierung von Bauvorhaben keine Rolle. Wie auch beim Aufbau der Rüstung griff man in fremde Töpfe oder konstruierte faule Tricks mit Wechseln, an deren Einlösung zum Fälligkeitstermin im Grunde schon bei ihrer Ausstellung nicht gedacht war. Die Autobahnen wurden in Notstandsprogrammen billigst gebaut und zu rund 60 Prozent aus den Kassen der Arbeitslosenversicherungen bezahlt.[18]

Die der Avus zugrundeliegende Idee einer Fernverkehrsstraße nur für motori-

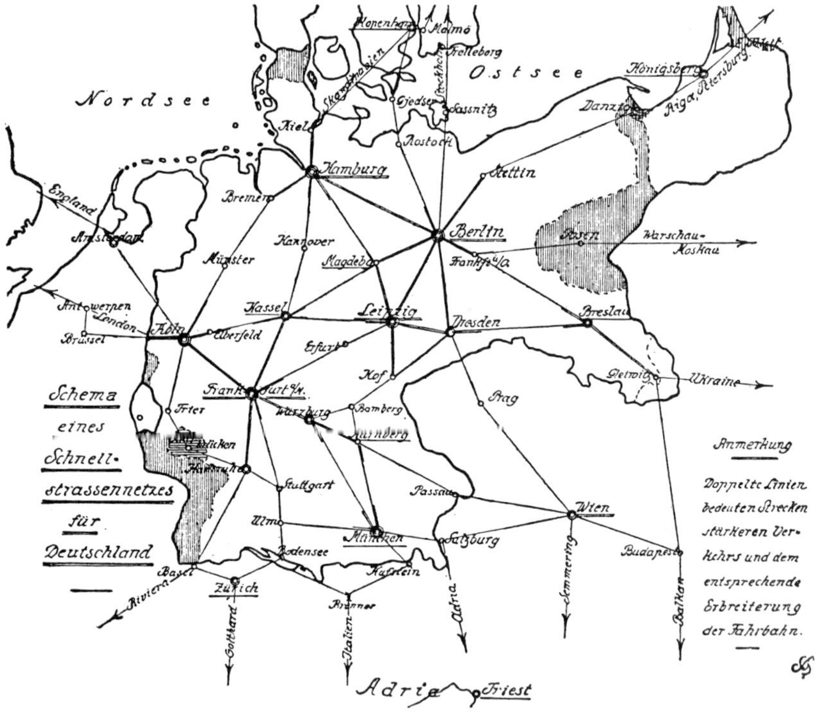

Zehn Jahre vor der Französischen Revolution. Deutschland war zu diesem Zeitpunkt ein Flickenteppich von Fürstentümern. Dennoch gab es Geister, die weiter dachten, ihre Ansätze reichen bis in die Zeit der Aufklärung zurück. Hier ein Straßennetz-Entwurf Deutschlands von 1779.
Rechts oben: Mit dieser Ausstellung, die durch alle betroffenen Städte wanderte, versuchten die Hafraba-Initiatoren, auf ihre Ideen aufmerksam zu machen. Sie scheiterten am Finanzausgleichsgesetz der Weimarer Republik.

FERN-STRASSEN-PLÄNE

sierte Verkehrsteilnehmer wurde von 1925 an aktuell. Die Forderung nach besseren Straßen wurde immer lauter, da die vorhandenen Verbindungen zwischen den Städten nicht mehr ausreichten. Wie diese Straßen aber gebaut und mit welchen Mitteln sie finanziert werden sollten, um diese Frage entstanden zum Teil heftige Auseinandersetzungen. Schon im Oktober 1924 war unter Beteiligung der Straßenbauindustrie die Studiengesellschaft für den Automobilstraßenbau (Stufa) gegründet worden, deren Hauptaufgabe es war, die Bauverfahren und die Belastungsfähigkeiten der Straße zu prüfen. Die Stufa gab aber auch Anregungen für die Planung von Fernstraßen.

Die ersten Überlegungen für eine größere Nur-Auto-Straße galten einer Verbindung der Hansestädte mit Frankfurt und Basel. Unter dem Arbeitstitel »HaFraBa« hatte sich schon im November 1926 eine Gruppe von Interessenten gebildet. Ihre Überlegung, die Straße mit privaten Mitteln zu bauen und für die Benutzung Gebühren zu erheben, war damals nicht unlogisch. Denn vor allem das Gütertransportgewerbe litt unter überfüllten Ortsdurchfahrten sowie unter den Gefahren und Hindernissen auf den Landstraßen. Risikofreier, schneller und materialschonender, so argumentierten die Verbände, könnte es auf eigens für Kraftfahrzeuge gebauten Straßen vorangehen. Daß die erwarteten Vorteile eintreten würden, das hatte man schon in Oberitalien erkennen können. Dort hatte der Königliche Senator Puricelli von 1922 bis 1924 eine etwa 50 Kilometer lange Strecke zwischen Mailand und Varese bauen lassen.

Auf der Fernstraßentagung im Januar 1927 in Leipzig gründete sich zudem ein Ausschuß, dem die Vertreter der Länderregierungen, des Verkehrsministeriums, der Städte und der privaten Interessenten (darunter vor allem Baufirmen, die sich große Aufträge versprachen) angehörten. Auf dieser Tagung wurde eine ganze Reihe von

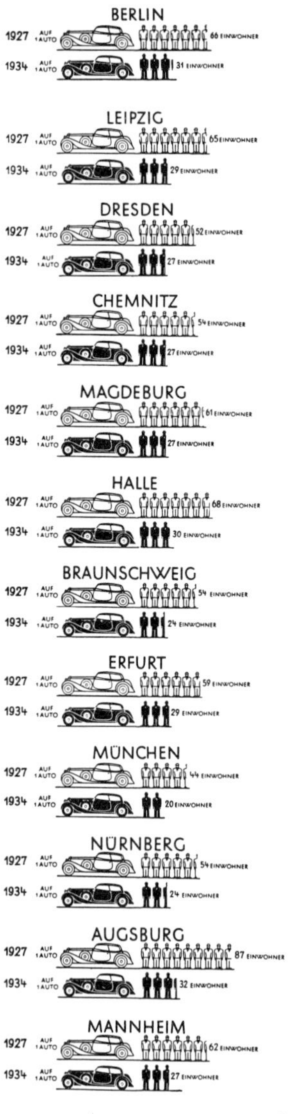

Der Motorisierungsgrad im Deutschen Reich.

weiteren Linien vorgeschlagen: Köln–Berlin–Königsberg, Saarbrücken–Oppeln, Hamburg–München, Wesel–Basel, Frankfurt/Main–Passau sowie Stettin–Nürnberg.

Das größte Problem konnten die Fachleute in Leipzig allerdings nicht klären: woher soll man das Geld für all diese Vorhaben nehmen? Denn schon die »HaFraBa« war mit ihrem Vorhaben nicht weitergekommen.[19] Das geltende Finanzausgleichsgesetz ließ in seinem Paragraph 13 die Erhebung von Gebühren für die Benutzung öffentlicher Straßen nicht, beziehungsweise nur als genehmigungspflichtige Ausnahme zu. Die »HaFraBa«-Initiatoren schafften es in den politischen Wirren der letzten Weimarer Jahre nicht, die Genehmigung zu bekommen oder das Gesetz ändern zu lassen. So gab es auch in Leipzig Stimmen, die angesichts des knappen Geldes eine Sanierung des vorhandenen Straßennetzes forderten, statt die Mittel für die ohnehin privilegierten Autofahrer auszugeben.[20]

Doch selbst unter dieser Bedingung hätte das Geld nicht für alle gewünschten Verbindungen ausgereicht, ob es nun aus öffentlichen oder privaten Kassen geflossen wäre. Verknüpfungspunkte mußten im Netz geschaffen werden. Die Reichshauptstadt Berlin sollte einen solchen Punkt bilden. Von einem Ring um die Stadt aus sollten die Routen nach Magdeburg, nach Hamburg, nach Rostock und Saßnitz auf Rügen, nach Stettin mit Fortsetzung nach Königsberg, nach Frankfurt/Oder, nach Breslau, nach Dresden und nach Leipzig führen. Die »HaFraBa« blieb als Nord-Süd-Strecke und die Trasse Saarbrücken–Stuttgart–München–Passau als Ost-West-Verbindung in den gekappten Plänen.

Da die Zeiten für öffentliche Ausgaben immer schlechter wurden, mußten die Planer noch viel stärker »abspecken«. Jetzt konnten nur noch im Rahmen von kleineren Beschäftigungsprogrammen kurze Strecken verwirklicht werden. Aus Geldmangel konnte man sie noch nicht einmal nach dem großzügigen Muster der Avus bauen, sondern ohne Mittelstreifen und nur zweispurig. So wurden vier kurze Trassen ausgeguckt und bis zur Machtübergabe an die Nazis am 30. Januar 1933 begonnen: Köln–Bonn, Köln–Düsseldorf, Leipzig–Halle und Mannheim–Heidelberg. Doch selbst von diesen Plänen hatte man bis 1933 nur die 28,5 Kilometer lange und rund neun Millionen Reichsmark teure Verbindung zwischen Köln und Bonn umgesetzt. Erste Erfahrungen damit bewahrheiteten die mit dieser Idee gehegten Hoffnungen: die Fahrzeit zwischen den Städten wurde von 35 auf 15 Minuten verkürzt, und die Wagen konnten wesentlich gleichmäßiger als auf den Landstraßen mit den verkehrsbedingt häufigen Stops gefahren werden.

Die anderen vorgesehenen Routen blieben auf der Strecke. So etwa die fast ebenso lange wie teure »LeHa« zwischen Leipzig und Halle. Bereits 1928 hatten die Verkehrsplaner die 38-Kilometer-Verbindung zwischen Köln und Düsseldorf aufgegeben, sie hätte 17 Millionen Reichsmark gekostet. Auch die 14,5 Kilometer lange Straße zwischen Mannheim und Heidelberg, mit fünf Millionen Reichsmark veranschlagt, wurde in der Weimarer Republik nicht mehr dem Verkehr übergeben.

Die Krise, die dem »Schwarzen Freitag« vom 25. Oktober 1929 an der New Yorker Börse in Europa und vor allem im reparationsbelasteten Deutschland folgte, war schon zu einem Teil wieder überwunden, da kündigte sich im Mai 1931 mit dem Zusammenbruch der österreichischen Kreditanstalt der nächste Sturm in der Weltwirtschaft an. Am 13. Juli mußte die Danatbank ihre Zahlungen einstellen, tags darauf schlossen alle deutschen Banken ihre Schalter. Der Arbeit des Zentrumspolitikers und Reichskanzlers Brüning war es zu verdanken, daß der Druck der Reparationszahlungen verringert worden war. Brüning erkaufte den Schutz vor erneuter Inflation allerdings mit einer drastischen Senkung der Staatsausgaben, mit Lohnsenkungen und Steuererhöhungen. Öffentliche Aufträge, die beschäftigungswirksam hätten wirken können, wurden zunächst nicht erteilt. Diese Programme lagen bereits in den Schubladen der Verwaltung: Wohnungs-, Wasser- und Straßenbauvorhaben. Nachdem Brüning die Staatsfinanzen einigermaßen im Griff hatte und darangehen wollte, die staatliche Arbeitsbeschaffung anzukurbeln, wurde er am 30. Mai 1932 vom Reichspräsidenten Hindenburg abgesetzt. Seine Nachfolger, erst Papen und dann Schleicher, begannen mit der Umsetzung der Programme, doch erst Hitler kurbelte sie ohne Rücksicht auf einen ausgeglichenen Etat an.

Hitler war vor allem seinen Geldgebern, der Schwerindustrie, verpflichtet. Außerdem mußte er den von den Krisen bedrohten Mittelstand zufriedenstellen und – allein schon für die Propaganda – die Arbeitslosen »von der Straße bekommen«. Das Geld dafür sowie für die bald einsetzende Rüstung wurde mit Hilfe von Wechseln, durch langfristige Reichsanleihen sowie durch Mittel der Reichsanstalt für Arbeit beschafft. Bei den im Sommer 1934 ausgegebenen Wechseln der sogenannten Metallforschungs-GmbH (Mefo-Wechsel) gelang den Nazis ein offener Betrug. Als die Wechsel nach Ablauf von fünf Jahren hätten eingelöst werden sollen, gab es statt des Geldes nur Reichsschuldverschreibungen. Bis zu 70 Prozent der Investitionstätigkeit im Reich stammte bald aus öffentlichen Aufträgen. Das konnten die Staatsfinanzen mit herkömmlichen Grundlagen nicht mehr verkraften und so war schon 1934/1935 absehbar, daß die Konsequenz daraus nur in Annektionen und im Angriffskrieg zu suchen war. Dieser begann schließlich am 1. September 1939 mit dem Überfall auf Polen.

Bereits Mitte 1933 erließen die Nazis ein Gesetz, wonach für den Bau von Autobahnen ein Nebenunternehmen der Reichsbahn, die *Gesellschaft Reichsautobahnen*, zuständig war. Hitler ernannte einen alten Parteigenossen, den Straßenbauingenieur Fritz Todt, zum Generalinspekteur für das deutsche Straßenwesen. Dieser vereinnahmte alle Vorarbeiten, die es bereits gab, benannte die »HaFraBa« in »Gesellschaft zur Vorbereitung des Autobahnbaues (Gezuvor)« um und begann mit der Verwirklichung der Pläne. Aus der Studiengesellschaft für den Automobilstraßenbau (Stufa) wurde die »Forschungsgesellschaft für das Straßenwesen«, die dem »Referat Forschung Todt« unterstand. Dieser bildete zudem die »Organisation Todt«, die noch vor dem Krieg Befestigungsanlagen im Westen errichtete und nach 1939 für die Aufrechterhaltung von Nachschubstraßen in den besetzten Gebieten eingesetzt wurde.

Todt nutzte zwar alle Quellen und Vorarbeiten der Weimarer Zeit für seine Arbeit, alle Erinnerungen daran mußten aber aus dem Bewußtsein der Bevölkerung getilgt werden. Deshalb war auch von der Anfang Oktober 1933 fertiggestellten Autostraße Köln–Düsseldorf nur in kurzen Notizen die Rede. Ebenso wie die Route Köln–Bonn wurde sie als Erbe Weimars in der Propaganda völlig vernachlässigt und zur Reichsstraße erklärt. Im Vordergrund der Veröffentlichung standen nun Hitlers »Erste Spatenstiche«, am 23. September 1933 auf der Strecke Frankfurt–Heidelberg und am 21. März 1934 an der Trasse München–Salzburg, zu Beginn der »Schlacht an der Arbeitsfront«.

REICHSAUTOBA

»STRASSE DES FÜHRERS«

Schon im Herbst 1933 und verstärkt im folgenden Frühjahr schwärmten die Landvermesser aus und bereiteten Flurbereinigungen vor. Obwohl auch nach dem damals geltenden Recht Planfeststellungsverfahren mit ihren Einspruchsmöglichkeiten für Betroffene notwendig waren[21], konnten die Vorbereitungen schnell abgeschlossen werden. In damaligen Berichten wird betont, daß man sich problemlos einigte, zu Enteignungen soll es nicht gekommen sein. Die Wirklichkeit hat oft anders ausgesehen: Bauern, die einen Teil ihrer Grundstücke abgegeben hatten, mußten das Entgelt dafür jahrelang stunden. Häuser, die der Trasse im Wege standen, wurden innerhalb weniger Wochen geräumt.[22]

Im Frühjahr 1934 wurden rund 20 000 Arbeiter an die eilenst eingerichteten Baustellen transportiert. 15 »oberste Bauleitungen«, die weitgehend selbständig arbeiten konnten, schrieben die Aufträge aus. Die Arbeiter wurden von den regionalen Arbeitsämtern zugewiesen. Die Bauunternehmer waren verpflichtet, nur zehn Prozent Stammarbeiter zu beschäftigen, die überwiegende Mehrzahl der Kräfte mußte aus dem Heer der Arbeitslosen stammen. Sie wurden in der Regel ein Jahr lang an der Baustelle eingesetzt und mußten vorrangig Handarbeit leisten. Denn Baumaschinen durften erst etwa ab 1936 herangezogen werden; zu einem Zeitpunkt, als es in der (Rüstungs-)Wirtschaft große Auftragseingänge gab. Die Zahl der beteiligten Arbeiter hinkte dieser Entwicklung gleichsam hinterher, erst 1935 waren die Baustellen so weit vorangeschritten, daß 60 000 Kräfte untergebracht werden konnten, und den Höhepunkt erreichte das Baugeschehen kurz vor dem Krieg, 1937/1938, als (nach amtlichen Zahlen) 120 000 Arbeiter direkt und weitere 150 000 in der Zulieferindustrie Beschäftigung fanden. Zu der Zeit, da der Autobahnbau also wegen des herrschenden Arbeitsmangels hätte wirksam sein können, nämlich 1933 bis Frühjahr 1936, tat sich aufgrund der notwendigen Vorbereitungen vergleichsweise wenig auf den Trassen. Um so größer war allerdings der propagandistische Nutzen der Autobahn-Bauarbeiten. Für die Beton- und die Stahlindustrie bot der Straßenbau hingegen anfangs ein willkommenes Auftragspolster. Nach 1936 hingegen kam es bisweilen schon zu Materialknappheit.[23]

Dies sollte sich in den folgenden Jahren auch immer stärker auf die Qualität der Beton-Autobahnen auswirken. Um Material zu sparen, aber auch um die engen Bautermine einzuhalten (aus Prestigegründen sollten pro Jahr 1000 Kilometer neu gebaute Strecke hinzukommen), wurde gepfuscht.[24] Außerdem verringerten die Straßenbauer die eigentlich vorgeschriebene Dicke der Fahrbahnplatten von 25 Zentimeter auf 10 Zentimeter. Dies wurde auch kürzlich wieder festgestellt, als die DDR im Bereich ihres Grenzkontrollpunktes bei Hof die alten Fahrbahnplatten ersetzte.

In den ersten Wochen und Monaten hatten die Arbeitsämter kaum Mühe, die Arbeitslosen an die Baustellen zu vermitteln; zu lange hatte die Abhängigkeit von der immer stärker gekürzten Sozialhilfe gedauert. So konnten vorrangig die kräftigsten Menschen, die aus ähnlichen Berufen stammten, ausgesucht werden. Bald merkten die Arbeiter aber, unter welchen Bedingungen sie schuften mußten. So versuchten viele, sich der drohenden Zuweisung zu entziehen. Allein in Berlin gingen rund 90 Prozent der Arbeiter mit einem ärztlichen Attest zu den Schaltern der Arbeitsämter. Dies half nur in seltenen Fällen, da die Amtsärzte gehalten waren, »belanglose Störungen« der Ge-

Auch wenn es die Wochenschau- und Pressebilder jener Zeit suggerierten: nicht die Nazis oder gar Adolf Hitler hatten die Idee zum Autobahnbau. Die Pläne lagen bereits fertig in den Schubladen, als im Januar 1933 die Macht an die Faschisten übergeben wurde. Allerdings waren nur die Nazis unseriös genug, ihren ehrgeizigen Straßenbau mit Wechseln zu finanzieren, die ungedeckt bleiben würden. Begleichen mußten sie vorerst die zwangsverpflichteten Bauarbeiter, die in der Regel den Strapazen der Schufterei mit dem Spaten nicht gewachsen waren.

Linke Seite, oben: Heroische Typen. Die Fotografen bemühten sich, den Bau der Autobahnen ästhetisch darzustellen. Die Menschen hatten kraftvoll auszusehen. Unten: Es ging auch noch neuzeitlicher.

Arbeitsverhältnisse bei den Reichsautobahnen

Der Reichsarbeitsminister III
Nr. 17274/34
Berlin W 8 den 16. Nov. 1934

An sämtliche
Herren Treuhänder der Arbeit.
Der von mir zur Regelung der Arbeitsverhältnisse bei den Reichsautobahnen bestellte Sondertreuhänder hat eine Tarifordnung erlassen, die zur Ermöglichung der Einholung ausgefallener Arbeitszeit eine Regelung über die Verteilung der Arbeitszeit bringt und weiterhin eine Bezahlung von 32 Wochenstunden sicherstellt, um die aus der Ungunst der Witterung im Winter sich ergebenden Härten einigermaßen auszugleichen. Ich halte diese Regelung für zweckmäßig und notwendig, weise aber nachdrücklich darauf hin, daß sie durch die ganz besonders gelagerten Verhältnisse bei dem Bau der Reichsautobahnen begründet ist und zunächst nur einen Versuch darstellt, diesen Sonderverhältnissen gerecht zu werden. Insbesondere die Regelung über Bezahlung von 32 Wochenstunden ist Gegenstand ausführlicher Beratungen gewesen; sie hat sich im Hinblick auf ihre finanziellen Auswirkungen durch ein besonderes Entgegenkommen des Herrn Generalinspektors für das deutsche Straßenwesen ermöglichen lassen. Daher kann diese Regelung keinesfalls ohne weiteres auf andere Arbeitsverhältnisse außerhalb der Reichsautobahnen übertragen werden, und ich darf Sie bitten, wenn derartige Wünsche an Sie herangebracht werden, äußerste Zurückhaltung zu üben und sich auf die durchaus begründete Ausnahmestellung der Bauvorhaben der Reichsautobahnen zu berufen. Vorstehenden Erlaß übersende ich zur gefälligen Kenntnis
Im Auftrag gez. Dr. Pohl

Teil-Preisliste

über Mannschafts- und Küchenbaracken-Einrichtungen

entsprechend den sozial-politischen Bedingungen

Eis. Bettstellen zusammenlegbar und übereinanderstellbar mit Bretteinlage, 190 × 80 cm 6.90
Eis. Bettstell. „normiert", ohne Bretteinlage **6.95,** Mehrpreis mit Bretteinl. 1.90
Eis. Bettstellen „normiert", mit Zugfederboden 9.45
Kompl. Bettgarnituren 7-teilig, Bett- u. Kopfkissenbezug blau-weiß kariert, Bettlaken, Strohsack, Kopfkeil und 2 gute Schlafdecken 17.75
Wechselwäsche 3-teilig, Bett- u. Kopfkissenbezug blau-weiß kariert und Bettlaken 10.10
Handtücher, gutes und festes Gewebe —.78
Eis. Schränke 30 × 30 × 175 4-teil., Abteil 9.75
Eis. Schränke 35 × 45 × 186 4-teil., Abteil 13.50
Eis. Schränke 40 × 55 × 190 2-teilig „normiert". . . . . Abteil 22.35
Hölz. Schränke 40 × 55 × 190 2-teilig „normiert". . . . . Abteil 33.—
Hölz. Schränke 35 × 45 × 180 4-teilig, ... Abteil 18.—
Zusammenlegbare Tische 200 × 60 . . 16.60
Zusammenlegbare Tische 150 × 60 . . 14.30
Zusammenlegbare Bänke 200 × 30 . . 9.60
Zusammenlegbare Bänke 150 × 30 . . 8.60

Waschschüsseln, weiß emailliert mit Seifennapf 36 cm Durchmesser . . . 1.45
Wasserkannen, schles. weiß emailliert 10 Liter 2.75
Wassereimer, verzinkt 16 Liter 1.38
Fußwannen, verzinkt 40 cm Durchmesser, oval 2.37
Kaffeekannen, 3 Liter weiß emailliert 1.75
Kaffeekannen, 4,5 Liter weiß emailliert 2,10
Eßnäpfe, Steingut 1½ Liter . . . . —.60
Kaffeebecher, Steingut 0.45 Liter . . . —.20
Eßbesteck, Messer rostfrei, Gabel, Eß- und Teelöffel 1.48
Kompl. Kochanlagen f. etwa 200 Mann Küchenherd 150 × 80, Glyzerinbadkochkessel 300 Liter, Kartoffelkessel 300 Liter und Kaffeekessel 300 Liter inkl. Zubehör und Rauchrohranlage 1690.-
Rundöfen, irisch. System 90 cbm . . . 35.—
Saalöfen, irisch. System 200 cbm . . . 60.—
Saalöfen, irisch. System 375 cbm . . . 104.—
dazu 3 m Rohr, 2 Kniee, Ofenblech 6.50
Rauchrohrdurchführungen, feuersicher, verstellbar mit Isolations-schlackenwolle 32.70
Waschkesselöfen, emailliert, transp. 100 Liter . . . . 92.—

Arbeitsdienst- und Wehrbedarf-G. m. b. H.

Berlin W 9, Schellingstraße 3

Fernsprecher: B 2 Lützow 6032-33 • Drahtanschrift: Arwebedarf Berlin

Lagervorrat für 3000 Mann! **Streng reelle Bedienung!**

sundheit nicht als Ablehnungsgrund zu akzeptieren. Am Einsatzort angekommen, wurden die nicht mehr an harte Arbeit gewöhnten und von den Krisen ausgezehrten Menschen sofort voll beansprucht. Es kam zu vielen Krankmeldungen. Dortige Ärzte, die die Krankheiten zunächst attestierten, wurden bald zurückgepfiffen. Nach Darstellung der Arbeitsämter stützten sich diese Ärzte auf »mangelhafte Untersuchungstechniken«. So hätten sie *»Leiden bescheinigt, die tatsächlich nicht in dem angegebenen Umfange bestanden haben«*. Die Arbeiter mußten wieder an die Schaufeln.[25]

In seltener Offenheit findet man in diesem Schreiben des Arbeitsamtes bestätigt, worin die Ursachen der Krankmeldungen bestanden: *»Die Unternehmer gehen in ihren Anforderungen zu weit. Vielfach wird verkannt, daß es sich nicht um Fachkräfte, sondern um zusätzliche Hilfskräfte handelt, deren Organismus auf die geforderte Tätigkeit in der ersten Zeit nicht eingestellt ist.«* Selbst früher einmal im Tiefbau Beschäftigte waren dieser meist einseitig belastenden Arbeit kaum gewachsen. Hinzu kam die Arbeitshetze, da sich die Bauunternehmer aus Profitinteressen wesentlich mehr Aufträge beschafften, als unter normalen Bedingungen zu bewältigen war. Dabei bedienten sie sich übrigens auch illegaler Methoden. So wird schon 1935 berichtet, daß Unternehmer ihre Kontingente mittels Korruption vergrößerten. Für jeden weiteren Kilometer an Aufträgen erhielten Kontaktleute in den zuständigen Verwaltungen etwa 1000 Mark.[26]

Die Arbeiter hingegen hatten davon nur Überstunden, die bei Festlegung der Bautermine oft schon eingeplant worden waren. Beamte der Gewerbeaufsicht berichteten davon, daß aus den Arbeitern nicht selten 14 bis 16 Stunden Arbeit täglich herausgepreßt wurden. Der Achtstundentag (bei einer Sechstagewoche) galt nur auf dem Papier, denn für Zeiten mit schlechter Witterung konnte die tägliche Arbeit schon völlig gesetzmäßig auf zehn Stunden ausgedehnt werden. Ausgezahlt bekamen die Arbeiter nur das Entgelt für die acht Stunden, der Rest wurde erst dann beglichen, wenn aufgrund des Wetters nicht gearbeitet werden konnte.

Hinzu kam die schlechte und teure Ernährung der oft weit von ihrem Wohnort entfernt beschäftigten Arbeiter. Für den Gegenwert von zwei Arbeitsstunden, so wird berichtet, erhielten sie selten mehr als 600 Gramm Brot, 100 Gramm Wurst oder Käse, Margarine, Marmelade und Ersatzkaffee.[27] Mit Fetten wie Butter oder Schmalz wurde noch mehr gegeizt, schaffte es die mangels Devisen auf Autarkie bestrebte Volkswirtschaft insgesamt doch nicht, die Bevölkerung ausreichend mit Fetten, Eiern und Fleisch zu versorgen. Außerdem wurde zur Vorbereitung auf den bevorstehenden Krieg eine immer größere Menge von Nahrungsmitteln eingelagert. Kanonen waren wichtiger als Butter. So sollten schon 1936 und 1938 im Reich Brot- und Butterkarten ausgegeben werden. Hitler verhinderte das, weil es einen erheblichen Imageverlust bewirkt hätte. Statt dessen propagierten die Nazis den sparsamen Umgang mit den knappen Lebensmitteln. Weniger Fleisch, mehr Gemüse lautete die Devise.

In den ersten Monaten sorgten die Bauunternehmer zudem nur mangelhaft für die Unterbringung der Arbeitskräfte. Anfangs mußten sie sogar jeden Morgen bis zu 70 Kilometer zurücklegen, um von ihren Wohnorten zur Baustelle zu gelangen. Anderthalbstündige Fußmärsche waren keine Seltenheit, sie verlängerten den Arbeitstag entsprechend. Bald richteten die Unternehmer Privatquartiere ein und, wo dies nicht ausreichte, auch Barackensiedlungen. Diese Lager waren allerdings so dürftig ausgestattet, daß *»der Führer die*

Oben: Musterbaracken für die Bauarbeiter. Da die Unterkünfte der Bauunternehmer miserabel waren, bestimmte Todt 1935, daß Mindestanforderungen eingehalten werden müssen. Die Barackensiedlungen konnten sogar von der Baudirektion gemietet werden. Daß Beschwerden über die Unterkünfte der Bauarbeiter nicht selten waren, bezeugen die Aufrufe, für würdige Unterbringung zu sorgen.
Linke Seite: Futter für den Fotografen: Augenzeugenberichte, die nach dem Krieg veröffentlicht wurden, lassen es als sicher erscheinen, daß es das beste Essen wohl dann gab, wenn sich Presseleute angekündigt hatten.

Vermittlung von Land- und Notstandsarbeitern

Der Präsident der Reichsanstalt für Arbeitsvermittlung und Arbeitslosenversicherung
Berlin-Charlottenburg 2, den 11. November 1935
Gesch.-Z. II 5403/22

An den Herrn Generalinspektor für das deutsche Straßenwesen,
Berlin W 8, Pariser Platz 3
Zur Untersuchung der Berliner Arbeitslosen und der vom Arbeitsplatz-Austausch Betroffenen auf ihre Tauglichkeit zu Land- und Notstandsarbeiten sind bei den Berliner Arbeitsämter Amtsärzte bestellt. Diese üben ihre Tätigkeit nunmehr seit mehr als einem Jahre aus, so daß die Erfahrungen aus ihrer Tätigkeit für eine allgemeine Unterrichtung der Öffentlichkeit verwendet werden können.

Zu Beginn der Maßnahmen, die eine Regelung des Arbeitseinsatzes und zweckmäßige Verteilung der Arbeitskräfte anstreben, haben sich viele Arbeitslose freiwillig bereit erklärt, ihre Arbeitskraft der Landwirtschaft zur Verfügung zu stellen oder zugunsten älterer Arbeitsloser eine auswärtige Tätigkeit als Notstandsarbeiter zu übernehmen. Aus gesundheitlichen Gründen brauchte nur in seltenen Fällen eine Zurückstellung dieser Arbeitswilligen zu erfolgen. Bei der allmählichen Durchsiebung der Arbeitslosen sind diese volltauglichen Arbeitswilligen aber nach und nach zahlenmäßig nahezu erschöpft worden. Der verbliebene Rest mußte verpflichtet werden, Landhilfetätigkeit oder Notstandsarbeiten zu übernehmen, und von dieser Verpflichtung konnte nur die körperliche Untauglichkeit befreien. Nur so kann die Tatsache erklärt werden, daß den Berliner Arbeitsamtsärzten ungefähr 90 v. H. der zur Untersuchung erscheinenden Arbeitslosen ein ärztliches Attest vorlegten, wonach die beabsichtigte Verwendung der Arbeitskraft auf Grund von belanglosen Störungen bezweifelt wurde. Die amtsärztliche Untersuchung hat in vielen Fällen volle Tauglichkeit ergeben. Sobald aber die Vermittlung in Land- oder Notstandsarbeiten erfolgte, wurde erneut ärztliche Hilfe in Anspruch genommen. Krankmeldungen waren die Folge, und auswärtige Ärzte, die sich teilweise auf mangelhafte Untersuchungstechnik stützten, haben Leiden bescheinigt, die tatsächlich nicht in dem angegebenen Umfange bestanden ...

Deutsche Arbeitsfront veranlaßt hat, für Ausbau und Ergänzung der Wohnlager der Reichsautobahnarbeiter Sorge zu tragen«. Es entstanden genormte Barackensiedlungen, die als Mindestanforderung galten. Selbst errichtete Lager hatten wenigstens diesen Einrichtungen zu entsprechen. Wollten die Unternehmer aber möglichst wenig Geld für die Unterbringung ihrer »Volksgenossen« ausgeben, dann konnten sie die genormten Lager auch komplett von der Direktion der Reichsautobahnen mieten. Das erste dieser Musterlager wurde Mitte Dezember 1934 an der Strecke Berlin–Stettin errichtet.[28]

All diese Bedingungen führten zu Sabotage, zu versteckten und in seltenen Fällen zu offenen Streiks. Die Drohung mit schärferen Arbeitslagern verhinderte allerdings die Ausbreitung der Auseinandersetzungen. Um die Arbeiter auch in ihrer kurz bemessenen Freizeit nicht auf »dumme Gedanken« kommen zu lassen, wurde auch der ideologische Zugriff verstärkt. Die Organisation »Kraft durch Freude« spendete 1935 zunächst 30 Wanderbüchereien für die damals 110 Baulager. *»Jede Bücherkiste umfaßt 30 Bände in jeweils anderer Zusammenstellung bis auf einige Ausnahmen wie zum Beispiel ›Mein Kampf‹ oder ›Vom Kaiserhof zur Reichskanzlei‹.«*

Zu diesem Zeitpunkt wurde auch die erste Wanderbühne eingerichtet, die von Lager zu Lager tingelte und die Arbeiter vom Nachdenken über die Ursachen ihrer Situation ablenken oder nur die Öde vertreiben sollte. Gespielt wurde zum Beispiel die Bauernkomödie »Krach um Jolanthe«. Im September 1937 soll es der »Straße« zufolge aber auch Anspruchsvolleres gegeben haben: in einem Lager bei Beelitz, dicht am späteren Berliner Ring, soll der sonst wegen seiner Ringparabel im »Nathan« so geschmähte Lessing aufgeführt worden sein, »Minna von Barnhelm« stand angeblich auf dem Spielplan.[29]

Doch alle Propagandatricks konnten nicht darüber hinwegtäuschen, daß die Arbeitsbedingungen an den Autobahnen schlecht bezahlt und vor allem höchst gefährlich waren. Der Stundenlohn betrug je nach Region zwischen 45 und 55 Pfennig, dies entsprach etwa der Hälfte dessen, was im gewöhnlichen Tiefbau verdient wurde, und war kaum mehr als der Sozialhilfesatz. Von diesem Geld mußten die Arbeiter auch noch ihre Familien durchbringen.

Wurde ein Arbeiter Opfer eines Unfalls, dann half oft nur noch eine auf der Baustelle gesammelte Spende über das Gröbste hinweg.[30] Beispiele wurden verständlicherweise nur selten offiziell geschildert, dann aber heldisch verbrämt. Die Gefahr, bei einem schweren Unfall ums Leben zu kommen,

Um die Arbeiter nicht auf »dumme Ideen« kommen zu lassen und sie nicht aus dem ideologischen Griff zu verlieren, sandte die Organisation »Kraft durch Freude« der Deutschen Arbeitsfront nicht nur Wanderbüchereien an die Lager der Baustellen, sondern ganze Theatergruppen. Die spärliche Bühnenausstattung wurde im Reisebus mitgenommen. Neben dem Bauernstück »Krach um Jolanthe« soll es 1937 sogar Lessings »Minna von Barnhelm« gegeben haben, obwohl Lessing (letztlich wegen seiner Ringparabel im ›Nathan‹) nicht allzu hoch im Kurs stand.

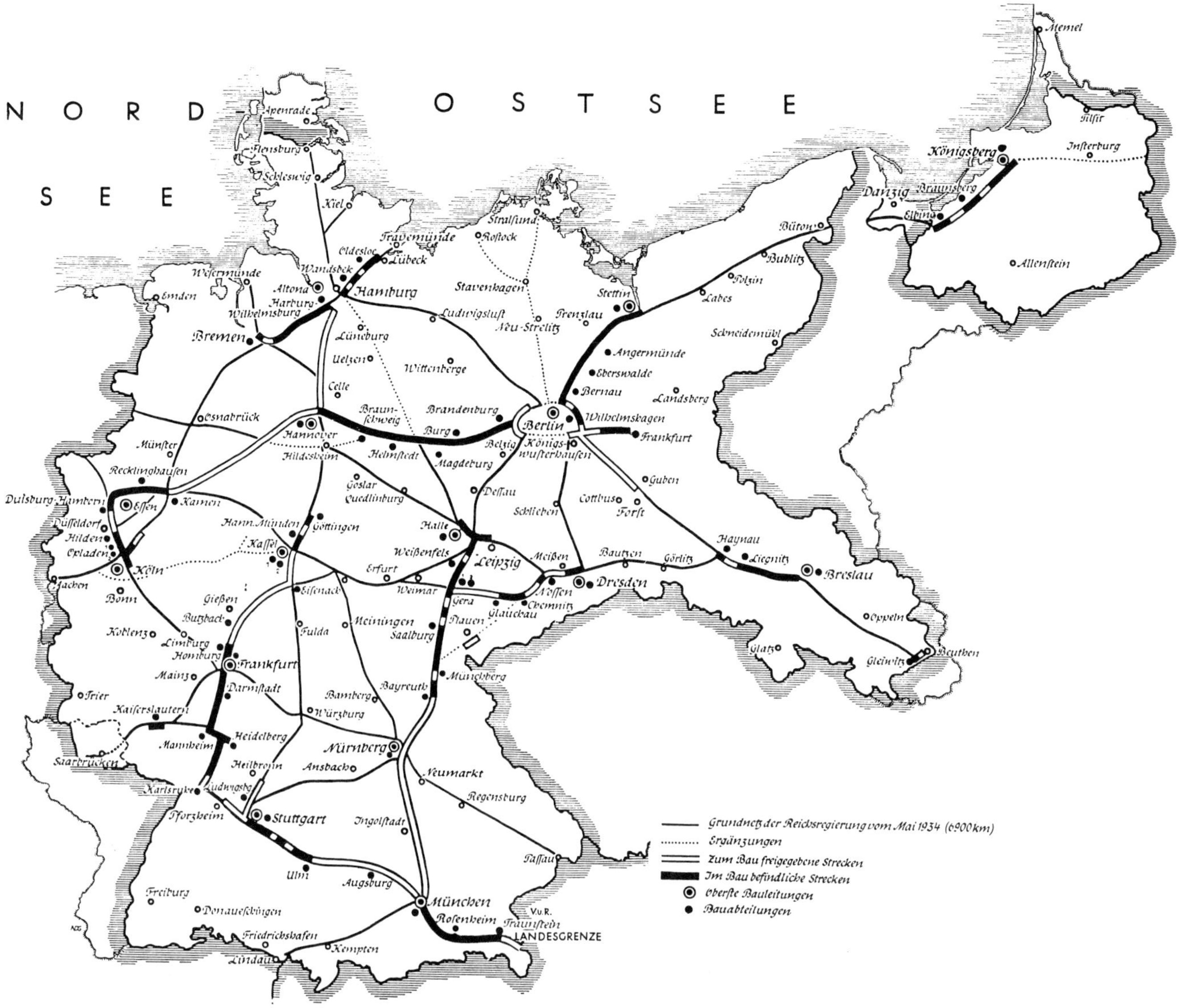

war beim Autobahnbau doppelt so hoch wie im übrigen Tiefbau, dort verlief nur jeder zehnte schwere Unfall tödlich. Und die Zahl solcher Unfälle stieg mit dem Bauvolumen der Autobahnen sprunghaft. Noch 1934 wurden 130 gezählt, 1935 waren es 316. Bis Ende 1936, als der 1000. Autobahnkilometer fertiggestellt war, hatten sogar 226 Menschen ihr Leben lassen müssen. 1938 kamen statistisch von 10 000 Arbeitern 14 zu Tode. Viele andere hatten mit den typischen Überbelastungs- und Unfallfolgen wie Stoß- und Schnittverletzungen, Prellungen und Zerrungen für die Hetze auf den »Straßen des Führers« bezahlt.[31]

Unter diesen Bedingungen wuchs das Netz der Autobahnen schnell. Im Januar 1936 waren etwa 323 Kilometer in jeweils kürzeren Abschnitten fertiggestellt. Diese Stücke wuchsen bald zusammen, so daß im Frühwinter bereits 1000 Kilometer befahrbar waren. Bis 1939 kamen jedes Jahr rund 1000 Kilometer hinzu, erst bei Kriegsbeginn verlangsamte sich das Bautempo. Dann wurden die Kräfte zunehmend in den okkupierten Gebieten benötigt. Wie schon 25 Jahre zuvor wurden Spaten und Schaufeln aus der Hand gelegt oder woanders eingesetzt. Bereits fertiggestellte Teile, wie beispielsweise Brücken auf der Trasse zwischen Berlin und Hamburg, blieben Jahrzehnte unverbunden und ungenutzt in der Landschaft stehen. Für den Weiterbau der Hamburg-Autobahn konnten zu Beginn der achtziger Jahre nur wenig Brückenbauwerke benutzt werden. Viele von ihnen waren für die Erfordernisse des heutigen Verkehrs zu schmal gebaut, sie mußten abgerissen werden.

DAS NETZ WÄCHST

NORDKURVE: UNGEAHNTE FLIEHKRÄFTE

Zurück in das Berlin zur Mitte der dreißiger Jahre. Die Avus war wieder einmal gerade noch so auf die Leistungen der damaligen Wagen abgestimmt. Die beiden Geraden waren zwar immer noch fahrerisch uninteressant, sie ließen jedoch einen erheblichen Anlauf für die immer schneller werdenden Wagen zu. Aus dieser konstruktiven Not machten die Nazis – stets um Superlative bemüht – eine Tugend. Sie stilisierten die Trasse an der Reichshauptstadt zur schnellsten Rennstrecke der Welt hoch. Dazu paßten aber die beiden nur wenig überhöhten Flachkurven an den beiden Enden gar nicht. Baurat Erich Krey bekam den Auftrag, eine Steilkurve zu errichten, damit zumindest den Zuschauern auf den Tribünen am Funkturm ein größeres Spektakel geboten werden konnte.

Diese engere Kurve hatte auch einen zweiten Zweck. Sie sollte den dringend benötigten Platz für eine Verbindungsstraße zwischen Westend, den Messehallen auf der nördlichen Seite sowie Halensee und dem Ortsteil Grunewald mit seiner Villenkolonie auf der südlichen Seite schaffen. Unweit östlich des alten Kurvenrandes war zudem im Dezember 1928 der S-Bahnhof »Ausstellung« (seit 1932: »Westkreuz«) eröffnet worden. Der Zwischenraum zwischen Bahnhof und alter Nordschleife war zu eng für eine größer angelegte Verbindungsstraße.

Den Planern kam außerdem sehr entgegen, daß der Lunapark am Halensee 1934 seine Pforten geschlossen hatte. Die weit über Berlins Grenzen hinaus bekannte Anlage war von den Nazis mehrfach heimgesucht worden, unter anderem deshalb, weil es ihnen mißbehagte, daß sich dort alle gesellschaftlichen Schichten gemeinsam amüsierten. Als der Versuch scheiterte, das Parkgelände für ihre Propaganda zu nutzen, wurde es kurzerhand dichtgemacht. Seit 1910 hatte dieser Vergnügungspark an den Halensee-Terrassen mit seinen 80 Attraktionen, seiner Wasserrutschbahn, seiner kleinen Autorennbahn, dem Irrgarten und dem Hippodrom das »Wochenend-Muß« am westlichen Ende des Kurfürstendammes für die Berliner bedeutet. Selbst den Ersten Weltkrieg und die Krisen hatte der Lunapark halbwegs gesund überstanden, nun scheiterte er an den Nazis.

Schon seit langem hatte der Berliner Magistrat Interesse an einer Verbindungsstraße in Halensee gezeigt. 1929 war noch an einer Trasse zwischen dem Lunapark und der Nordschleife gedacht. Die Avus-Gesellschaft fand an dieser Idee keinen Gefallen und erklärte, sie brauche den freien Raum innerhalb der Nordschleife für die Errichtung eines Tattersaales. Ein so lukratives Geschäft machte wiederum den Magistrat hellhörig. Er lehnte den Antrag der Avus-Gesellschaft rundheraus ab, bot aber an, die Nutzungsrechte an dem 12 000 Quadratmeter großen Kurvengelände zu kaufen, um dort seinerseits eine Reithalle bauen und betreiben zu können. Über so viel Schlitzohrigkeit entrüstete sich die Avus-Gesellschaft und ließ den Magistrat abblitzen.

Das brachte die Politiker derart in Rage, daß sie ernsthaft überlegten, wie man der Avus ihre zahlenden Nutzer abspenstig machen könnte. Pläne und Kostenrahmen für einen öffentlichen Autopfad parallel zur Avus, auf der alten Landstraße Kronprinzessinnenweg/Königsweg, wurden erarbeitet. Im Gegensatz zur Avus wäre dort die Benutzung gratis gewesen. Nur dem Einsatz vernünftiger Mahner ist es zu verdanken, daß der Grunewald von einer zweiten, ebenso breiten Trasse verschont geblieben ist. Sie verwiesen auf die unsinnig hohen Baukosten von acht Millionen Reichsmark

Die nördliche Steilwandkurve der AVUS begründete ihren Mythos. Eine Folge der neuen Verkehrsplanung am oberen Kurfürstendamm und in Halensee, für die sie Raum schuf, zog sie die Schaulustigen an, die immer wieder mit sensationellen und tragischen Unglücksfällen befriedigt wurden. Die Nordkurve verlieh der AVUS eine Rasanz, die ihr die gerade Trasse sonst nicht geben konnte.

Linke Seite, oben: Die ersten Tests. Bernd Rosemeyer nimmt die neue Steilwandkurve 1937 unter die Räder.
Unten: Einst ein Wochenend-Muß im Westen der Stadt. Die Terrassen am Halensee waren schon im letzten Jahrhundert entstanden, um die Jahrhundertwende wuchs der Lunapark. Er überlebte sogar den 1. Weltkrieg, erst die Nazis machten ihm den Garaus. Sie störten sich daran, daß sich dort alle gesellschaftlichen Schichten gleichermaßen amüsierten und für die Propaganda unerreichbar waren. Darüber hinaus blockierte das Vergnügungsareal das Terrain für eine begehrte Durchgangs- und Verbindungsstraße zwischen Halensee und Westend.

Oben: Verwaltungs- und Terrassengebäude. Mit viel Phantasie setzte Edmund Meurin 1923 die Aufgabe um, für die Avus-Verwaltung attraktive Räume und für die Rennbeobachter eine Tribünenanlage zu schaffen.
Rechts: Rennen ganz anders. Im Lunapark standen Elektrokarren auf einer Wellenbahn zur Verfügung.

und darauf, daß der Magistrat von der Avus-Gesellschaft schließlich 70000 Mark an jährlichen Steuern und Pacht erhalte. Eine pleitegegangene Avus hätte nicht mehr gemolken werden können. Der Magistrat lenkte Ende 1929 ein.[32]

1936, als sich Berlin im internationalen Olympiataumel befand, war zwar der Gedanke an den Tattersaal schon längst vergessen, die Idee einer Verbindungsstraße jedoch nicht. So begannen die Arbeiten an dem imposant wirkenden, aber später kritisierten und 1967 abgerissenen Bauwerk am Funkturm: die Nord(steil)kurve wurde gebaut.

PER PEDES IM OLYMPIA-JAHR

Im August des Olympiajahres kamen aber auch andere als nur Motorsportler auf die Avus: Marathonläufer und Rennradler. So starteten die Olympioniken am 9. August 1936 im Olympiastadion, liefen über die Havelchaussee zur Avus bis zur Nordkurve und wendeten dort. Über dieselbe Strecke ging es dann wieder zurück zum Stadion. Die Siegerehrung holte sich der Japaner Kitei Son, Zweiter wurde der Engländer Ernest Harper. Auch einen Tag später, beim 100 Kilometer langen Radrennen, belegten französische und schweizer Mannschaften die ersten Plätze. Die Avus hatten die Sportler zweimal in beiden Richtungen passiert, nach dem Start an der Haupttribüne vor der Nordkurve drehten sie eine Runde, fuhren erneut nach Nikolassee und dann weiter nach Südwesten. Bei der Rückkehr ging es über die nordöstliche Fahrtrichtung ins Ziel.[33]

Den Umbauten fiel allerdings das eigentlich interessanteste Gebäude an der alten Nordschleife zum Opfer, das 1923 von dem Architekten Edmund Meurin gebaute Haus der Avus-Verwaltung. Das dreigeschossige Gebäude bot Büro- und Konferenzräume, die nach Westen, zur Kurve gerichtete Seite enthielte Terrassen für die betuchten Besucher der Rennen. Noch im Oktober 1925 schwärmte die »Bauwelt« von den *»hellen Räumen«* und der *»weiten Übersicht auf die Bahn«*, die die Zimmer der *»leitenden Kräfte«* ermöglichten. *»Die neuen Möglichkeiten des Eisenbetonbaues erlaubten beide Zwecke, nützliche und künstlerische, zwanglos in einem zu erreichen. Die dem Eisenbeton eigene Möglichkeit, weit ausladende Flächen zu verwenden, überwindet die aus alten Bauweisen gewöhnten Verhältnisse von Last und Stütze und ergibt so eine neue Gestaltung des Baukörpers. Ohne den Blick störende Stützen schweben die Dächer über den Plätzen der Beobachter. Die Räume des Hauses, der Treppenraum, die Zimmer der Leitenden kommen als Bauglieder wirksam zur Geltung.*

Auch im Innern sind wohlfeile Baustoffe verwendet; die Farbe wurde überall zu starker Wirkung gebracht. Rotbraune Töne von verschiedener Helligkeit – nach den Erfordernissen der Räume – wurden verwendet. Die Halle ist mit Silberbronze ausgemalt und mit roten Strichen verziert. Die Beleuchtungskörper bestehen aus hölzernen Stäben mit mattem Glas und sind den Formen der Räume angepaßt, die sie schmükken. Über allem stand als Gestaltungsgedanke der langgestreckte, waagerecht gegliederte Baukörper, eingepaßt in die weite, märkische Ebene, fern äußerlicher Überlieferungen, ein künstlerischer Ausdruck unserer Zeit«, hieß es in der »Bauwelt«. Den neuen »Zeitgebern« paßte dieser künstlerische Ausdruck gar nicht, sonst hätten sie

Auch im Inneren des Verwaltungsgebäudes war an nichts gespart worden.

einige dieser Anregungen beim Bau der neuen Verwaltungsgebäude nördlich der neuen Kurve aufgegriffen. Meurins Werk jedoch, das nur 13 Jahre überdauert hatte, wurde sang- und klanglos abgerissen. Es stand direkt auf der Trasse der zu errichtenden Halenseestraße.

Nach dem Entwurf des Oberbaurats Bettenstaedt entstanden nun – voneinander getrennt – ein neues Tribünenhaus auf der nordwestlichen Seite sowie ein neues Verwaltungsgebäude mit Gaststätte und Beobachtungsturm dicht am westlichen Nordkurvenausgang. Für dieses Gebäude wurde am 6. Januar 1937 das Richtfest gefeiert. Im Kriege beschädigt, wurde es in den fünfziger Jahren wiederhergestellt und im Innern mehrfach umgebaut. So erhielt es von 1955 an Übernachtungsräume für Fernfahrer und von 1963 an richtige Hotelzimmer. 1977 wurde ein Hotelerweiterungsbau in Betrieb genommen.

DER BAU DER NORD-STEIL-KURVE

Steilkurven waren allgemein im Automobilrennsport keine Seltenheit mehr. Schon der ebenfalls 1921 eröffnete Monthlery-Kurs bei Paris war mit einer überhöhten Kurve ausgestattet, Monza (1922) hatte auch in der alten Ausführung bis 1957 eine Steilkurve, ebenso wie Indianapolis (1911). In Berlin jedoch galt es, die fast schon wieder unmodern gewordene Bahn aufzuwerten und den Anspruch zu wahren, die Rennstrecke mit den schnellsten Rundengeschwindigkeiten zu haben.

Baurat Krey erhielt den Auftrag, eine Kurve zu konstruieren, die nicht mehr, wie bisher, einen Radius von 130 Meter hatte. Krey benötigte nun nur noch einen Halbmesser von 92 Meter und legte die Steilkurve bei einer Steigung von 44 Grad im sogenannten Kegelquerschnitt an. Dies bedeutete, daß die Fahrbahnen mit einer Gesamtbreite von 18 Meter im Querschnitt betrachtet gerade angelegt waren. Andere Rennstrecken hatten Kurven, die gekrümmte Fahrbahnen aufwiesen, im Querschnitt also die Form einer Klothoide zeigten. Während bei klothoid gekrümmten Kurven die Fliehkraft den Wagen nur fester auf die Fahrbahn preßt, wirkte sie bei Kegelquerschnitten äußerst gefährlich. Wer diese Fliehkraft sowie die Rutschgrenze unterschätzte, konnte (wie Richard von Frankenberg 1956 und Jean Behra 1959) über die obere Begrenzung hinausgleiten. Zwar gab es am oberen Rand einen Wulst, doch konnte diese Kante aufprallende Fahrzeuge nicht aufhalten. Krey hatte auch später noch seine Konstruktion verteidigt.[34] Der Querschnitt sei bewußt gewählt worden, um keinem Fahrer auf den beiden Fahrspuren beim Überholen Vorteile zu gewähren. Dies ist in einer klothoiden Kurve durchaus gegeben, weil die Fliehkraft vor allem die Spurtreue des oben fahrenden Wagens begünstigt.

Um die Kurve möglichst schnell und einfach herstellen zu können, wählte Krey eine gemauerte Konstruktion, auf der als Fahrbahnbelag Klinkerziegel aufgetragen wurden. Zwar ermöglichte das Bauwerk nun Höchstgeschwindigkeiten von 180 bis 200 km/h, doch war es, wie sich schon auf den ersten Probefahrten zeigte, mit Vorsicht zu genießen. Nach einem Beinahe-Unfall eines Auto-Union-Stromlinienwagens wurden ein weißer Strich etwa in Fahrbahnmitte sowie ein gelber als obere Begrenzung aufgemalt. Damit waren die Fahrbahnen innerhalb der Kurve auf insgesamt acht Meter reduziert. Die Rennfahrer wurden verpflichtet, die Markierungen einzuhalten.

Bei der Durchfahrt durch die neue Kurve waren jedoch nicht nur fahrtechnische Schwierigkeiten zu lösen, sondern auch körperliche Hemmungen zu überwinden. Ein Berichterstatter, der im April 1937 mit von Brauchitsch in einem 5,4-Liter-Kompressor-Mercedes mit 150 km/h durch die Kurve gefahren war, schilderte sein Erlebnis

KOPFÜBER DIE BÖSCHUNG HINAB

so: *»Sekundenbruchteile später erhebt sich eine Steilwand, sie rast auf uns zu... Urplötzlich wird man mit mächtigem Druck auf den Sitz gepreßt. Es ist unmöglich, auch nur die geringste Bewegung zu machen, der Kopf neigt sich nach unten, zu sehen ist nichts mehr...«*

Die Fliehkraft machte auch dem Material der Fahrzeuge zu schaffen. Rudolf Caracciola: *»Als ich das erste Mal voll in die neue Steilwand der Nordschleife ging, spürte ich beim Steuern und in der Sitzgelegenheit den die Räder mehr belastenden Druck so gewaltig, daß ich fast glaubte, ich hätte vorne rechts einen Plattfuß. Es war aber nur das Walken, das die Reifen in der Kurve flachgepreßt hat. Daraus allein schon können Sie ermessen, welche ungeheuerlichen Anforderungen die Reifen auszuhalten haben.«*

Mit knapp dem Dreifachen der normalen Erdanziehungskraft biß die Kurve zu. Ein Rennwagen, wie zum Beispiel der Mercedes W 196, mit dem Karl Kling am 19. September 1954 siegte, wog inklusive Fahrer, 16 Liter Kühlwasser, 25 Liter Öl und 140 Liter Kraftstoff gut 1000 Kilo. In der Kurvenfahrt jedoch verdreifachte sich das Gewicht durch die Fliehkraft: drei Tonnen Anpreßdruck mußten Reifen und Fahrgestell nun aushalten. Aus dem Jahre 1954 ist dokumentiert, wie sich Mercedes auf diese Anforderungen einstellte. So schrieb Oberingenieur Kraus noch am 1. September vor, daß die Federn des Fahrgestells möglichst neu eingebaut werden sollten, damit keinerlei Materialermüdung von früheren Rennen zu befürchten sei. *»In der Kurve wird trotz gewählter härterer Federung dennoch der harte Anschlag dauernd anliegen. Es ist daher zweckmäßig, die Härte der Anschlaggummis zu vergrößern. Bei den Speichenrädern darf nur die verstärkte gekreuzte Ausführung verwendet werden. Sollte nach dem ersten Teil des Rennens ein Vorteil unserer Wagen gegenüber den Konkurrenzwagen herausgefahren sein, so wäre es zweckmäßig, neben der Schonung des Motors vor allem die Geschwindigkeit in der Nordkurve von 180 km/h auf möglichst 150 km/h zu ermäßigen. Die Beanspruchungen würden sich damit um circa 30 Prozent ermäßigen, wodurch sich die Vertikalkraft von 2,8 g (also das Anpreßgewicht von 2,8 Tonnen) auf 1,9 g vermindern würde.«*

Bei den weiteren Probeläufen zu dem Rennen 1954 zeigte sich die Kurve immer noch stärker als das Material. *»Alle Wagen streifen trotz härterer Feder am Unterschutz in Motorenmitte. Alle Federn erhalten daher mehr Vorspannung, damit zehn Millimeter höhere Bodenfreiheit gewährleistet ist«*, hieß es im Trainingsprotokoll vom 17. September. Am Folgetag stand darin endlich: *»Die Maßnahmen gegen Bodenberührung hatten erfolgreiches Resultat.«*

Die Fliehkraft war nur das bekannteste und relativ leicht zu bewältigende Problem in der Nordkurve. Die anderen wurden erst

Oben: Die Avus war schon woanders. Knapp links neben der neuen Halenseestraße sieht man noch den Bau von Edmund Meurin. Ohne die Avus, für die 1936 eine neue Nordkurve gebaut wird, ist er nutzlos. Den Lunapark hatten die Nazis auch schon zugrunde gerichtet. Einer Halenseestraße stand also nichts mehr im Wege.
Rechts: Frankenbergs Flug. Im Gegensatz zu Jean Behra kam Richard v. Frankenberg 1956 mit dem Schrecken davon, als er die Nordkurve unterschätzte. Er wurde aus dem Wagen geschleudert und blieb am Leben. Sein Wagen fackelte auf einem Parkplatz ab.

KURVEN-KRITIK

1959 öffentlich diskutiert. Anlaß war der Todessturz des französischen Porsche-Fahrers Jean Behra am 1. August. Behra war bei Regen vermutlich zu schnell in die Kurve gefahren, hinausgetragen worden und am oberen Kurvenrand gegen einen Betonklotz geprallt, auf dem während des Krieges ein Flakgeschütz gestanden hatte. Kurz vor Behras Tod war schon der Holländer Graf de Beaufort in der Kurve geschleudert und offenbar nur durch Glück ohne körperlichen Schaden davongekommen. Sein Wagen fuhr auf der Rückseite der Kurve »kopfüber die Böschung hinunter durch ein Gestrüpp, blieb dann an einer Umzäunung kurz vor ein paar Absperrsäulen stehen«, berichtete Beaufort später. Schon drei Jahre zuvor war Richard von Frankenberg an der Kurve gescheitert, auch er hatte Glück gehabt. Die Rennen wurden auf der umstrittenen Kurve aber auch in den nächsten Jahren fortgesetzt: im September 1964 starb der 24jährige Albert Achinger aus Augsburg, der mit seiner Norton im Lauf der 500-Kubikzentimeter-Solomaschinen am Kurvenausgang die Gewalt über seine Maschine verloren hatte. Als es dann noch beim Rennen der Gespannmaschinen bis 500 Kubikzentimeter auf der Geraden vor der Nordkurve zu einer gefährlichen Karambolage kam, wurde das Rennen abgebrochen und wiederum Zweifel an der Tauglichkeit der Avus insgesamt laut.

Im Jahr 1937 hingegen wurden nur vorsichtige Äußerungen veröffentlicht. So merkte Luigi Fagioli nach seiner ersten Fahrt durch die Kurve in einem Auto-Union-Wagen an: *»Es wäre vielleicht gut, die Farbe der Klinkersteine einheitlich auszugleichen, denn jetzt flimmert die verschiedene Tönung der Ziegel und macht die Steuerung zum Beispiel beim Überholen zu einer schwierigen Aufgabe.«* Doch nicht nur die Farbe, auch die Unebenheiten beanspruchten die Fahrer. Schon am 16. April 1937 wies ein Berichterstatter der Berliner Börsenzeitung darauf hin: *»In der Mitte der Bahn, etwa vier Meter unterhalb des Wulstes, war ein kleiner Buckel, und schon tanzte der Rennwagen bis an den oberen Rand.«*

Die Buckel und Bodenwellen der Nordkurve waren anscheinend nicht auszumerzen. Auch Karl Kling klagte nach dem Großen Preis von Berlin 1954: *»Gewiß ist der Druck durch die Zentrifugalkraft gewaltig, aber noch schwieriger zu meistern sind die Bodenwellen. Erst wenn sie beseitigt sind, wird man noch schneller durch die Nordkurve fahren können. Die Federung kann die Stöße nicht ausgleichen. Weil Metall auf Metall schlägt, wird der Wagen fortwährend erschüttert und der ganze Körper durchgerüttelt. Gewaltige Nackenschläge sind die Folge. Das wiederholte sich beim Rennen sechzigmal, und so waren wir mit unserer Widerstandsfähigkeit ziemlich am Ende. Auch Fangio sagte mir nach dem Rennen, daß er nicht mehr viel länger hätte fahren können.«*

Flirrende Farben, Buckel und Stöße, das wäre noch irgendwie zu reparieren gewesen. Doch die Kurve hatte noch weitere, entscheidende Fehler. Sie war nach dem Strickmuster der Eisenbahningenieure, mit dem Winkelmesser, konstruiert worden und beschrieb einen gleichmäßigen Kreisbogen. Wer in die Kurve fuhr, hatte deshalb den Eindruck, daß sie gegen Ende »immer schneller« wurde. Heutige Kurven sind so

»DIE SCHLECHTESTE BAHN«

gestaltet, daß der Bogen sanft beginnt, bis zur Kurvenmitte immer stärker wird und zum Ausgang hin wieder weiter ausschwingt. Überhöhte Geschwindigkeiten lassen sich so besser und mit geringeren Gefahren vermindern.

Auch Alfred Neubauer, langjähriger Rennleiter bei Mercedes und eine jener Persönlichkeiten, die sich nach dem Krieg mit Vehemenz für eine Wiederaufnahme der Rennveranstaltungen auf der Avus einsetzten, war das Problem offenbar bekannt. In einem Brief an den Vorsitzenden des Berliner Motorsportclubs, Dr. Kämpny, schreib Neubauer, daß *»bei der Nordschleife eine Änderung dahin gefunden werden müßte, daß der Übergang aus der Schleife in die Gerade noch besser ausgeführt wird, weil sich dort für die schnellen Fahrzeuge eine Art Sprungschanze in der Überschneidung zu Ausgang schräge Kurve/Eingang flache Gerade ergab«.*

Zumindest den Bauzeichnungen zufolge läßt sich ein anderer Konstruktionsmangel, den die Fachzeitschrift »Auto Motor Sport« in der Augustausgabe 1959, nach Behras Tod, aufführte, nicht belegen. Nach dem Bericht hatte Krey die Kurve etwa von ihrer Mitte an immer enger gebaut: *»Kaum glaublich, aber wahr: erst während des Baus merkte man, daß die Steilkurve, wenn man sie in ihrem Verlauf so weiterführte, wie sie begonnen war, direkt über dem Turm des Verwaltungsgebäudes laufen würde. So war man gezwungen, etwa von Kurvenmitte an den Radius zu verkleinern, um den Turm nicht zu überfahren. Niemand dachte daran, den engeren Radius durch eine stärkere Überhöhung auszugleichen.«* Nach Behras Unfall und der daran entstandenen Diskussion wurden Gutachten über die Nordkurve erstellt,[35] dieses Argument gegen die Konstruktion findet man aber nirgends. Auch bei den Fachleuten der Senatsbauverwaltung ist nichts über einen solchen Konstruktionsfehler bekannt.

Die Probleme mit der Kurve waren damit aber nicht beendet. So bildete auch der Belag aus Klinkerziegeln vor allem bei Nässe nicht zu unterschätzende Gefahren: er wurde spiegelglatt. Auf der einzigen anderen Bahn mit geziegelter Kurve, in Indianapolis, werde das Rennen bei Regen sofort unterbrochen, unterstrich »Auto Motor Sport« seine vernichtende Kritik an der Nordkurve. Später wurde am Kurveneingang eine Ampel installiert. Bei Trockenheit zeigte sie grünes Licht, die Wagen durften dann bis zur gelben Begrenzungslinie fahren. Bei feuchter Witterung wurde sie auf gelbes Licht umgeschaltet, dann durften die Fahrer nicht über die weiße, niedrigere Begrenzung hinausgeraten.

Stirling Moss bezeichnete den gesamten Grunewald-Kurs nach dem Rennen 1959 und Behras Tod als unsicher und uninteressant. Moss sah hinter der Entscheidung, das Weltmeisterschaftsrennen vom Nürburgring auf die Avus zu verlegen, zumindest keine fachlich akzeptablen Gründe. In einem Interview mit dem britischen Rundfunkreporter Allistair McDougall sagte Moss: *»Ich finde es sehr bedauerlich, daß, wenn man in Deutschland eine der schlechtesten Strecken der Welt und wahrscheinlich eine der besten Strecken der Welt hat, man die schlechteste herausgenommen hat, um dort Rennen zu fahren.«* Ähnlicher Kritik war die Avus schon 1955 ausgesetzt, als der Große Preis von Deutschland, zunächst für die Avus vorgesehen, aufgrund technischer Bedenken kurzfristig auf den Nürburgring verlegt worden war. Als Ausgleich sollte auf der Avus ein Sportwagenrennen stattfinden. Die Forderung, eine Geschwindigkeitsbegrenzung auf 150 km/h einzuführen, konnte sich nicht durchsetzen. Damals wurde angesichts des Ersatzrennens bedauert, »daß die ausländische Elite nie den Weg nach Berlin fand«. Nicht zuletzt Berlin-politische Gründe also waren es, die, wie noch zu zeigen sein wird, schon bald nach Kriegsende trotz aller Sicherheitsbedenken für die Avus als Rennstrecke ins Feld geführt wurden.

Um das Olympiastadion zu bauen, werden 1936 vorhandene Anlagen abgerissen.

SIEGE UNTERM HAKENKREUZ

Fünf Jahre – seit 1926 – lag der Autorennbetrieb auf der Avus praktisch brach. Im großen und ganzen sausten nur die Rennkräder weiter über die Berliner Rennstrecke, und bei allerlei Industriefahrten zur Erprobung von Reifen, Treibstoffen und Motoren bewährte sich die Avus weiterhin als eine Versuchsstrecke, die überregionale Bedeutung hatte.

Nach den Jahren des Stillstands – längst hatte das Ausland die Führung im Rennsport übernommen – kam es 1931 endlich wieder zu einem internationalen Wagenrennen. Die Berliner nahmen die Nachricht davon mit heller Begeisterung auf und strömten zur Bahn. Gut und gerne 200 000 Menschen säumten die Avus. Heller Sonnenschein, siedende Sportbegeisterung. Die »Vossische Zeitung« berichtete am 3. August 1931:

»Jeder will sehen, was er schon längst hört: die donnernden Wagen. Drängelei, lebensgefährlich, gegen den hindernden Zaun. Auf die Bahn ergießt sich die Masse. Polizei rast herbei, versucht Räumung im Guten. Man weicht nicht, pfeift sogar. Schwingende Gummiknüppel... Bahn frei fürs Rennen.«

Wie am Nürburgring zwei Wochen vorher, so standen sich in der großen Klasse auch auf der Avus wieder die beiden großen Rivalen gegenüber: Bugatti und Mercedes. Im Bergrennen über kurze Strecken, auf dem schwierigen Kurs des Ringes um die Nürburg, hatte der Mercedes bewiesen, daß er es mit hochgezüchteten Rennwagen ohne weiteres aufnehmen konnte. Es galt für die Schwaben, die Kette zu schließen und den Beweis zu erbringen, daß ihr Mercedes SSK-Sportwagen mit den Bugatti-Rennern konkurrieren konnte. Der Bugatti war ohne Zweifel in der Spitze schneller; dafür erreichte der Mercedes, dank seines großen Hubvolumens, aber in viel kürzerem Zeitraum seine Endgeschwindigkeit.

Letztlich aber waren die Reifen ausschlaggebend für das Rennergebnis. Caracciola, der Pilot des Siegerwagens, hatte die widerstandsfähigsten. Sein Rivale v. Morgen auf 2,3-Liter-Bugatti hatte ständig mit Pneudefekten zu kämpfen.

Es wurden Runden mit über 195 km/h Durchschnitt gefahren – auf der Geraden weit über 200 km/h.

Der große Pechvogel des Rennens war Stuck. Er lag zunächst glänzend im Rennen. Führte gar, bis Caracciola vorbeifuhr, dem er dicht folgte. Schon in der zweiten Runde gingen beide Hinterradreifen defekt. Damit war er aus dem Rennen, aber nochmals eroberte er den dritten Platz, ein Vorderreifen verschaffte ihm abermals Aufenthalt, ein kleiner Motordefekt zwang ihn letztlich zur Aufgabe. Stuck hatte, ebenso wie von Brauchitsch auf Mercedes-Rennwagen, keine Spezialreifen von »Continental« bekommen wie »Caratsch«, weil Conti diese nicht fertig bekommen hatte. Es kam anschließend unter den Fahrern zu heftigen Auseinandersetzungen wegen der Reifenfrage.

Die Klasse der 1,5 Liter-Wagen war eine glatte Katastrophe. Von elf gestarteten Fahrzeugen erreichten überhaupt nur zwei das Ziel! Vor allem die Bugatti-Mannschaft hatte sich zu viel zugemutet. Sie lieferte sich, nachdem sie dank des größeren Hubraums die Salmson und Amilcar sofort abgehängt hatte, einen erbitterten Kampf, der bei höchsten Geschwindigkeiten ausgefochten wurde und denen die Maschinen der Reihe nach erlagen.

Die großen Sieger waren die Kleinen. Sie kamen fast alle durch. Von den zehn Gestarteten fielen nur zwei aus. Der Rundendurchschnitt von 120 km/h war allerhand für die Miniaturmotoren von 500 und 750 ccm Inhalt.

In den dreißiger Jahren wurde die Avus zu dem, was sie immer sein sollte: die schnellste und vom Publikumsandrang gesehen größte Rennstrecke der Welt. Mercedes-Benz und Auto-Union, Silberpfeile, Bugattis und Maseratis gaben sich ein Stelldichein, ab 1933 aber immer auch die Nazi-Prominenz, die etwas vom Glanz solcher Namen wie Caracciola, von Brauchitsch, Stuck und Rosemeyer abbekommen wollte.

Rechte Seite: ADAC-Rennen 1933: die Startaufstellung. Als einziger Deutscher fuhr Manfred von Brauchitsch auf Mercedes-Benz mit.

TODESFLUG

Die Ergebnisse von 1931

Klasse bis 750 ccm
(5 Runden = 98,7 km):
1. Macher (DKW) 49:14,4 = 120,24 km/h.
2. Kohlrausch (BMW) 49:16,0
3. Bauhofer (DKW) 50:36,8

Schnellste Runde Kohlrausch in 9:37,6 = 122,1 km/h, 10 gestartet, 8 angekommen.

Klasse bis 1500 ccm
(10 Runden = 196,6 km):
1. Lewy (Bugatti) 1:18:26,0 = 150,38 km/h.
2. Decaroli (Salmson) 1:23:28,6

Schnellste Runde Lewy in 7:29,4 = 157,0 km/h, 11 gestartet, 2 angekommen.

Klasse üb. 1500 ccm
(15 Runden = 294,4 km):
1. Caracciola (Mercedes) 1:35:07,6 = 185,705 km/h.
2. v. Morgen (Bugatti) 1:39:49,8
3. v. Brauchitsch (Mercedes) 1:42:32,2

Die Ergebnisse von 1933:

Klasse bis zu 1500 ccm:
1. Beyron (Bugatti) 1:04:54 = 181,8 km/h
2. Ernst-Günther Burggaller (Bugatti) 1:04:55
3. Earl Howe (Delage) 1:08:24

Klasse über 1500 ccm:
1. Varzi (Bugatti) 1:25:24 = 206,9 km/h
2. Graf Czaykowski (Bugatti) 1:25:26
3. Nuvolari (Alfa Romeo) 1:30:55
4. Borzachini (Alfa Romeo) 1:30:55

(totes Rennen 3. u. 4.)

5. Jellen (Alfa Romeo) 1:35:33
6. Manfred von Brauchitsch 1:39:42
7. Hartmann (Bugatti)

Der Verzicht von Daimler-Benz auf den Bau kostspieliger neuer Rennwagen veranlaßte Caracciola, mit Einverständnis seiner Firma eine Verbindung mit Alfa Romeo einzugehen. Er galt daher als Favorit des Avus-Rennens vom 22. Mai 1932, das durch einen Rekordversuch Ernst Hennes auf einem BMW-Motorrad eingeleitet wurde. In den beiden Klassen bis 1500 ccm und über 1500 ccm starteten 40 Wagen, das Beste, was es auf dem Rennmarkt gab: Alfa Romeo, Bugatti, Delage, Amilcar, Maserati, BMW, Austin, Sunbeam und – Mercedes-Benz. Fast in letzter Stunde hatten sich die Daimler-Benz-Werke entschlossen, noch einmal ihre bewährten schweren SSK-Kompressor-Wagen ins Treffen zu schicken, um dem Ausland nicht allein das Feld zu überlassen. Hans Stuck und Manfred v. Brauchitsch wurden mit der Aufgabe betraut. In aller Stille hatte der Stuttgarter Aerodynamiker Freiherr v. König-Fachsenfeld dem SSK-Wagen von Brauchitsch ein merkwürdig anmutendes Stromlinienkleid entworfen, dessen eiförmiges Gesicht und aluminiumglänzender Leib zuerst Kopfschütteln hervorrief.

Es kam zu einem erbitterten Duell dieses Stromlinien-Rennwagens mit den ausländischen Fahrzeugen. Neben dem Zweikampf von Brauchitsch und Caracciola auf seinem favorisierten Alfa-Romeo-Monoposto lag auch der Franzose Dreyfus auf Maserati gut im Rennen. Vor 300 000 Besuchern schraubte Dreyfus den Avus-Rundendurchschnitt auf 209,74 km/h, womit die 200-km/h-Grenze erstmals überschritten war.

In der letzten Runde ging von Brauchitsch aufs Ganze. Mit 3⅗ Sekunden Vorsprung und einem Durchschnitt von 194,4 km/h beendete er dieses denkwürdige Rennen als erster, gefolgt von »Caratsch«.

1933 aber hielten die deutschen Mercedes-Wagen nicht länger der ausländischen Konkurrenz stand. Am 21. Mai 1933 gab es in der 1,5-Liter-Klasse und der großen Klasse durchweg Auslandssiege. Wieder waren die prominentesten Fahrer von Fagoli bis Chiron, von Williams bis Varzi zugegen, gegen die auch ein Brauchitsch nicht aufkommen konnte. Der Franzose Pierre Veyron gewann die 1,5-Liter-Klasse, in der auch DKW und BMW starteten, mit 181,8 km/h, und Varzi auf Bugatti siegte in der großen Klasse mit einem Durchschnitt von 206,9 km/h. Der polnische Graf Czaykowski, der einige Monate später auf der Avus mit 213,8 km/h einen sensationellen Stundenweltrekord aufstellte, erhöhte den Avus-Rundenrekord auf 221,7 km/h.

Zu den tragischen Ereignissen des Avusrennens 1933 gehörte der Todessturz von Otto Merz. Rund 1500 Meter vom Nordtor entfernt, am Forsthaus, kam er bei einer Trainingsrunde auf nasser Fahrbahn ins Schleudern und raste die Böschung neben der Bahn hinauf. Die Fahrspur ließ erkennen, daß Merz mit seiner Kraft und seinem fahrerischen Geschick diesen »Schlenker« wohl gemeistert hätte, wäre nicht ein Kilometerstein unglücklich im Wege gewesen.

Durch den überwältigenden Erfolg ausländischer Wagen und Fahrer war das Avus-Rennen 1933 ganz und gar nicht nach dem Geschmack des NS-Regimes, das beim Startschuß vielköpfig zur Stelle war. Auf der Tribüne saßen Reichspropagandaminister Goebbels, der preußische Ministerpräsident Göring sowie Reichswirtschaftsminister Hugenberg. Mit erhobenem rechten Arm sangen sie das Horst-Wessel-Lied mit, als die Hakenkreuzfahne gehißt wurde. Später flog noch Kunstflugmeister Udet einige Runden über der Tribüne.

1934 blickte Europas Rennsportwelt wieder auf die Berliner Avus. Das Rennen vom 27. Mai 1934 wurde nicht mehr von einem Motorsportverband wie dem AvD oder ADAC veranstaltet, sondern von der Obersten Nationalen Sportbehörde. Der Stolz der Nazis, Deutschlands neue Rennwagen, sollten im Mittelpunkt dieses Treffens stehen, aber in letzter Stunde behielt Daimler-Benz noch seine Wagen zurück, weil sie erst für die nächsten Rennen startbereit gemacht werden konnten. Um so mehr setzte man die Hoffnungen auf die silbernen schlanken Leiber der Auto-Union-Wagen, welche man wie Fabelwesen bestaunte. Die Fahrer dieser sächsischen PS-Riesen waren Stuck, Prinz zu Leiningen und Momberger. Auf Anhieb hatten die Probefahrten im März 1934 unter Stuck Geschwindigkeiten und Rekorde gezeitigt, die zu Optimismus Anlaß gaben. Würde der 16-Zylinder-Heckmotor-Wagen des Stuttgarter Konstrukteurs Ferdinand Porsche das Avus-Rennen mit einem Sieg absolvieren?

Strömender Regen ging nieder. In Wasserfontänen verschwindend, raste Stuck davon; weit überlegen hielt er 10 Runden lang

Avus-Sieger von 1931–1937

	Zeit	km/h
1931		
Klasse über 1500 ccm		
über 294,426 km		
1. Rudolf Caracciola (Mercedes Benz)	1:35:07,6	185,705
1932		
Klasse über 1500 ccm		
über 294,426 km		
1. M. von Brauchitsch (Mercedes-Benz)	1:30:53,4	194,400
1933		
Klasse über 1500 ccm		
über 294,426 km		
1. Achille Varzi (Bugatti)	1:25:24,4	206,840
1934		
Klasse über 1500 ccm		
über 294,426 km		
1. Guy Moll (Alfa Romeo)	1:26:03,0	205,293
1935		
über 196,561 km		
1. Luigi Fagioli (Mercedes-Benz)	49:13,4	239,688
1937		
Klasse über 1500 ccm		
über 154,833 km		
1. Hermann Lang (Mercedes-Benz)	35:30,8	261,648

die Spitze gegen die Alfas unter Varzi, Chiron und Moll, gegen den Maserati von Nuvolari und gegen seine Stallgefährten. Aber ein Kupplungsdefekt brachte ihn um seine Chancen. Es kam schließlich zu einem Duell der Alfa-Romeo-Fahrer Varzi und Moll, aus dem der später tödlich verunglückte Moll (Frankreich) mit 205,29 km/h Durchschnitt als Sieger hervorging. Mombergers Rundenrekord von 225,8 km/h hatte klar erwiesen, daß an absoluter Schnelligkeit die Auto-Union-Wagen den Gegnern auf der Bahn glatt überlegen waren. Das Rennen der kleineren Wagen, bei denen sich auch die Konstruktion des Aufladungs-Spezialisten Zoller versuchte, wurde eine neuerliche »Beute« des Franzosen Veyron, der mit 182,7 km/h seinen vorjährigen Durchschnitt geringfügig überbot.

»Avus-Rennen enttäuschend«, meldete die »Berliner Börsen-Zeitung« in Ausgabe Nr. 244/1934, dafür aber hielt das Blatt den äußeren Rahmen für *»überaus glanzvoll«: »Die Avus ist wohl noch niemals so hermetisch abgesperrt und vorzüglich gesichert gewesen, wie an diesem Tage. Obergruppenführer Hühnlein hatte die gesamte Berliner Motor-SA und das NSKK eingesetzt, um den Besuchern die äußerste Sicherheit zu garantieren. Sogar hinter jedem vorwitzigen Filmoperateur stand ein SA-Mann, der allzu waghalsige Kunststücke zu verhindern hatte. So lief das Rennen ohne den kleinsten Unfall ab, worauf die Motor-SA... sehr stolz sein darf.*

PROPAGANDA-MITTEL

Selbstverständlich hatte das Rennen bei den Spitzen der Regierungsbehörden das größte Interesse gefunden. Reichsminister Heß und Freiherr Elß von Rübenach wohnten ihm bis zum Ende bei, ebenso die Reichsminister von Blomberg, Seldte und Rust, ferner der Chef der Heeresleitung, General von Fritsch, Obergruppenführer Hühnlein, die Staatsminister Kerrl, Wagner und Esser, die Reichsstatthalter Ritter von Epp und Murr, die Staatssekretäre Feder, Grauert, Körner, Dr. Ohnesorge, Funk, Milch, Könprofits, von Bülow und Dr. Meißner, ferner Dr. Ley, Baldur von Schirach, die Oberpräsidenten Kube und Lutze, die Botschafter von Italien, Frankreich und Rußland sowie Großbritannien, die Gesandten von Argentinien, Bulgarien, Mexiko, Bolivien, Finnland, Estland, Irland, Niederlande, Polen, Schweiz, Ungarn und viele andere.

Der Aufmarsch des Publikums war gewaltig und vollzog sich dank der vorzüglichen Organisation reibungslos. Nach einer sehr vorsichtigen Schätzung dürften etwa 150–175 000 Personen sich als Zuschauer auf der Avus befunden haben.«

Das Jahr 1935 sah das letzte Rennen auf der alten Avus, die im nachfolgenden Jahr einem gründlichen Umbau (Nordkurve!) unterzogen wurde, um den weiterhin ungeheuer gestiegenen Geschwindigkeiten gewachsen zu sein.

Motorräder und Automobile erschienen am Start (26. Mai 1935). Nach den Rennen in Monaco, Tunis und Tripolis, wo sensationelle Siege von Mercedes-Benz und der Auto-Union (Tunis) erfahren wurden, handelte es sich in jenem Jahr um das vierte große Rennen von internationaler Bedeutung.

Seit den frühen Morgenstunden waren die Bewohner der Reichshauptstadt mit allen erdenklichen Transportmitteln unterwegs, denn jeder wollte dieses Mal Zeuge sein, wenn die Revanche der Ausländer abgeschlagen wurde. Deutschland fieberte unter der Naziherrschaft im nationalen Rausch und reagierte seine Komplexe als WK-Verlierer nunmehr auf der Grunewaldbahn ab.

Zugleich fieberten die Besucher aber auch dem internen Duell zwischen Mercedes-Benz und Auto-Union entgegen, weil sich die beiden deutschen Rennwagenkonstruktionen zum erstenmal in Berlin gegenüberstanden.

Auto-Union und Mercedes-Benz erschienen mit ihren besten Fahrer-Crews. Bei den Sachsen tauchte neben Stuck, Varzi und Prinz Leiningen zum ersten Mal der Nachwuchsfahrer Bernd Rosemeyer am Steuer des Auto-Union-Wagens auf, der ein eindrucksvolles Debut gab. Für die Untertürkheimer Firma starteten Caracciola, v. Brauchitsch, Fagioli und Geier, die in den Alfa-Romeo-Matadoren Chiron und Dreyfus ihre gefährlichsten Kontrahenten hatten.

Es wurde in kurzen Vorläufen von je fünf Runden für das Finale von 10 Runden ausgeschieden. Den ersten Vorlauf gewann Stuck vor Fagioli, Dreyfus und Geier, den zweiten Caracciola vor Varzi, Brauchitsch und Chiron, die den Endlauf zu bestreiten hatten. Entscheidend wurde die Reifenfrage, denn die deutschen Wagen erreichten auf der Geraden bereits Gechwindigkeiten von 300 bis 320 km/h. Der taktisch und

Der Todessturz des Mercedes-Benz-Fahrers Otto Merz auf der regennassen Avus 1933 während des Trainings. Der Wagen überschlug sich mehrmals. Merz war sofort tot.

ökonomisch glänzend fahrende Fagioli steuerte seinen Mercedes-Benz mit einem Durchschnitt von 238,5 km/h zu einem vielumjubelten Sieg vor Chiron auf Alfa Romeo, Varzi und Stuck auf Auto-Union. Stuck hatte den Rundenrekord der Avus-Rennen auf das 258-km/h-Tempo emporgetrieben.

Das war der »letzte Streich« auf der alten Avus. Sie mußte grundlegend umgestaltet werden, um als schnellste Rennstrecke der Welt weiterhin Bestand zu haben. Nach einer Unterbrechung von einem Jahr, die durch den Umbau der Nordschleife am Funkturm eintrat, donnerten 1937 wieder die Motoren zwischen den Ausstellungshallen am Kaiserdamm und Nikolassee, jagten wieder die Motorräder, Sportwagen und vor allem Rennwagen über die Bahn, um sich in den Kampf gegen Entfernung und Zeit zu stürzen und Rekorde zu brechen, die auf der Avus niemals lange lebten und immer wieder von neuen Höchstleistungen abgelöst wurden.

Auch die Zuschauerzahlen zählten ungewöhnlich hoch. Von Monza, Sebastian, Monthléry, Brooland, Francorchamps, Masarykring, Budapest und anderen Rennstrecken war man nur Besucherziffern gewohnt, die sich zwischen 50 000 bis 100 000 bewegten. Beim Eröffnungsrennen 1937 der neuen Nordkurve kamen über 300 000, um die Feuerprobe der Steilwand zu erleben.

Die Avus war mit ihren beiden langen Geraden von je fast 10 km Länge und den beiden einzigen Kurven im Norden und Süden der Strecke die einzige Bahn der Welt, die volle Entfaltung der Endgeschwindigkeiten zuließ. Das neue Gesicht der Avus wurde geprägt durch die Klinkerkurve im Norden mit einer Breite von 11 Metern bei 43 Grad Neigung mit unten anschließendem Übergang zur Geraden und oben abschließendem Wulst.

Damit die Fahrer ausgiebig auf der Avus trainieren konnten, wurden die Avus-Tore wenige Tage vor Rennbeginn für den Verkehr geschlossen. Passieren durften diese nur noch die Rennfahrer und ihre Helfer. Innen war der Betrieb gewaltig. Man sah die

DAS LETZTE GROSSE VORKRIEGS-RENNEN

Oben: Manfred von Brauchitsch im Training zum Internationalen Avusrennen im Mai 1934.

Hilfsstände der Benzingesellschaften, die Werkstattwagen der Firmen. Bis 12.00 Uhr trainierten nur die Motorräder. Für sie war das Proben besonders wertvoll, denn nur vereinzelt hatten Motorradfahrer zuvor Gelegenheit gehabt, die neue Nordschleife zu befahren. Gleich bei den ersten Versuchsfahrten ergaben sich besondere Fragen. Durch die Zentrifugalkraft erfolgte der Zufluß des Benzins zum Vergaser unter höherem Druck. Bei einem Motorrad blieb der Motor fast stehen, bei dem anderen spritzte die Flüssigkeit aus dem Vergaser, je nach Bauart desselben. Durch geeignete Maßnahmen mußte man diese Gefahr beseitigen. Kurvengeschwindigkeiten der Motorradfahrer von 120 km/h wurden festgestellt, also langsamer als die Rennwagen, aber dafür genügte die Breite, so daß die Motorradfahrer sich in der Kurve einen scharfen Kampf um die Plätze liefern konnten.

Von 12.00 bis 13.30 Uhr waren die kleinen Rennwagen auf der neuen Bahn, und von 13.30 bis 16.00 Uhr trainierten die großen. Zuschauer hatten Zutritt zum Innenraum der Nordkurve und zur Haupttribüne.

Zum Avus-Rennen im Mai 1937 erschien an der Spree die Weltklasse an Fahrern. Abgegeben wurden insgesamt 125 Meldungen, von denen 92 auf die drei Motorradklassen entfielen. Für die Klasse der 1,5-Liter-Rennwagen waren 16 und für das »große Rennen« 17 Meldungen abgegeben worden. Wie zuvor in Tripolis sollte sich das Rennen der großen Rennwagen wieder zu einem deutsch-italienischen Duell gestalten, bei dem die deutschen Rennwagen der Daimler-Benz AG und der Auto-Union auf diejenigen der beiden italienischen Firmen Alfa Romeo und Maserati stießen.

Leider hatte das Rennen eine starke Einbuße durch die in letzter Stunde erfolgte Absage der Scuderia Ferrari erlitten, die nach der Niederlage im Großen Preis von Tripolis nicht mit der Überholung der Rennwagen fertig geworden war. Somit mußte sich erneut der Kampf zu einem Duell der beiden deutschen Fabriken entwikkeln, die sich seit drei Jahren als ernste Konkurrenten gegenüberstanden.

Am 30. Mai 1937, um 15.00 Uhr, eröffnete ein Startschuß den mit Spannung erwarteten »Kampf der Kanonen«. Wild brüllten

die Motoren der Rennwagen zum ersten Vorlauf auf. Wie von einer Stahlsäge herrührend, durchschnitt das Geheul der Kompressoren die Luft und pflanzte sich durch Hunderte von Lautsprechern fort über die ganze Bahn.

In der ersten Reihe des Achterfeldes standen Caracciola und Manfred v. Brauchitsch auf Mercedes-Benz, dahinter Hermann Lang (Mercedes-Benz) und Rosemeyer (Auto-Union), dann folgten Hasse (Auto-Union), der seines 2. Startplatzes wegen der an Lang im Vorlauf begangenen Behinderung verlustig ging, und v. Delius (Auto-Union) sowie Seaman (Mercedes-Benz) und Hartmann (Maserati). Caracciola drehte gewaltig auf und führte bereits nach der 1. Runde mit rund 8 Sekunden vor Rosemeyer, Seaman (Mercedes-Benz), Lang (Mercedes-Benz), v. Delius und Hasse (Auto-Union) sowie dem weit zurückliegenden Hartmann (Maserati). In der 2. Runde änderte sich nichts an der Reihenfolge, nur war Lang bis auf eine Fünftel Sekunde zu dem an 2. Stelle liegenden Rosemeyer (Auto-Union) aufgerückt. In der 3. Runde mußte Rosemeyer Reifen wechseln, so daß nunmehr die drei Mercedes-Benz-Fahrer Caracciola, Lang und Seaman vor v. Delius und Hasse (Auto-Union), Hartmann (Maserati) überlegen die Führung behaupteten. Manfred v. Brauchitsch war infolge eines Kupplungsdefektes bereits in der 1. Runde ausgeschieden. Nach Beendigung der 3. Runde ereilte auch Caracciola das Geschick. Ein kleiner Defekt zwang den an der Spitze liegenden Fahrer zur Aufgabe. Hermann Lang, in dessen Händen nunmehr die Entscheidung allein lag, legte in seiner bereits in Tripolis gezeigten routinierten Fahrweise ruhig Runde um Runde zurück, um den Dreizackstern zum Sieg zu führen. Die Fahrweise Langs war eine Leistung erster Ordnung. Stets legte er zwischen sich und seinen anstürmenden Verfolgern den nötigen Abstand. Die Anstrengungen der hinter Lang daherbrausenden Auto-Union-Fahrer scheiterten, *»Lang, Lang, Lang«*, so hallten die Rufe über die Avus, als der junge Fahrer mit dem Mercedes-Benz-Stromlinienwagen als Sieger die Ziellinie passierte.

Es handelte sich um das letzte große Rennen vor dem Krieg, der 1939 begann und statt Rennwagen vielmehr Kolonnenfahrten von Geschützen mit sich brachte.

Ergebnis des Endlaufes des 11. Internationalen Avus-Rennens in der großen Rennwagenklasse (1937)

1. Hermann Lang (Mercedes-Benz) 35:30,2 = 261,7 km/h
2. v. Delius (Auto-Union) 35:32,2 = 261,5 km/h
3. Rudolf Hasse (Auto-Union) 36:06,2 = 257,4 km/h
4. Bernd Rosemeyer (Auto-Union) 36:37,0 = 253,9 km/h
5. Seaman (Mercedes-Benz) 36:50,2 = 252,2 km/h

RINGVERBINDUNG

Neben dem Bau der Nordkurve beschäftigten sich die Straßenbauer von Mitte 1936 an auch mit den Planungen zur Verlängerung der Avus nach Süden. Die alten Zeichnungen und Berechnungen aus der Gründungszeit der Avus-Gesellschaft wurden hervorgeholt. Die Stecke wurde nun im Rahmen der Ringautobahn um Berlin als eine Verkehrsader zur Erschließung der Reichshauptstadt von Südwesten her benötigt. Die Nazis (Hitlers »Generalbauinspektor für die Reichshauptstadt«, Albert Speer) hatten vor, Berlin komplett umzukrempeln. Ihnen ging es dabei vor allem um eine Gestaltung, die sie als repräsentativ (also auch für Aufmärsche gut geeignet) empfanden. Wie sich das in Teilen auf das Straßennetz ausgewirkt hätte, sei hier nur bruchstückhaft skizziert[36]:

Eine Ost-West-Achse sollte mit Hilfe der vorhandenen Straßen – Heerstraße, Kaiserdamm, Charlottenburger Chaussee (heute Straße des 17. Juni) und Unter den Linden – gebildet werden. Die Charlottenburger Chaussee wurde 1936 entsprechend verbreitert (und erst in den letzten Jahren wieder auf die vorhandene Verkehrsmenge zurückgestutzt). An ihr und vorrangig an der Heerstraße kann man erkennen, was sie sich vorgestellt hatten: in der Mitte befinden sich die Fahrspuren für den schnellen Kraftfahrzeugverkehr und – von einem Seitenstreifen getrennt, der jetzt, nach dem Entfernen der alten Straßenbahngleise, begrünt ist – die schmalen Parallelfahrbahnen für den Anliegerverkehr, für Fußgänger und Radler.

Diese Ost-West-Achse sollte knapp westlich des Brandenburger Tores von einer Nord-Süd-Achse geschnitten werden, die von Tempelhof nach Tiergarten geplant war. Fast wie ein Fadenkreuz sind diese Achsen in den Zeichnungen und Modellen aus dieser Zeit von fünf Straßenringen umgeben.

Hier muß aber darauf hingewiesen werden, daß die Ringstraßenplanung an sich keine eigenständige Idee der Nazis war. Schon 1927 hatte der damalige Stadtbaurat für Tiefbau, Herrmann Hahn (der SPD-nahe parteilose Politiker bekleidete das Amt immerhin von 1920 bis 1931), einen Plan von damals noch drei konzentrischen Straßenringen vorgelegt, der nicht verwirklicht werden konnte. Hahn hatte seinerseits Ideen aufgegriffen, die schon zur Jahrhundertwende entstanden waren. Bei aller Megalomanie der Nazis täte man Speer allerdings Unrecht mit der Feststellung, er habe nur »stimmungsvolle« Wege für Marschkolonnen schaffen wollen. In seinen Zeichnungen waren auch zahlreiche Grünflächen vorgesehen, die von den Landwirtschafts- und Waldgebieten außerhalb der Stadt in zusammenhängenden, keilförmigen Bändern bis ins Zentrum hineinreichen sollten.[37] Speers fünfter, äußerster Ring stellte die Autobahn um Berlin dar. Sie wurde bis 1939 fast fertiggestellt, lediglich im westlichen und nordwestlichen Bereich klaffte eine Lücke. Aus dem vierten Ring ist dagegen – wie aus vielen anderen Plandetails – fast nichts geworden. Lediglich ein gut 400 Meter langes Stück Straße vor den McNair-Barracks der Amerikaner in Lichterfelde (früher wurden die Gebäude von Telefunken genutzt) erinnert an den vierten Ring. Nach den Vorstellungen Speers wäre der vierte Ring durch das jetzige Wohn- und Kleingartengelände zur Sundgauer Straße in Zehlendorf und dann auf einem Stück der heutigen Clayallee verlaufen. Am Roseneck wäre der Ring etwa der jetzigen Hagenstraße gefolgt, hätte die Avus unterquert und Eichkamp sowie Westend, Siemensstadt und die Jungfernheide auf dem Weg nach Norden durchzogen. Im Gegensatz zum Autobahnring sollten allerdings alle weiteren Ringstraßen nicht den Charakter einer Schnellstraße

Ab Mitte der dreißiger Jahre bekam die AVUS eine weitere Funktion. Sie wurde in den Plänen Albert Speers Bindeglied zwischen den geplanten fünften, vierten und dritten »Berliner Ringen«. Nur der äußerste fünfte Ring wurde bis 1939 – mit kleineren Lücken – fertiggestellt. Ein Stück dieses »Berliner Rings« ist heute Teil der Transitstrecke, durch die AVUS mit der Westberliner Stadtautobahn heute verbunden.

Linke Seite: Mercedes-Silberpfeil und Auto-Union-Rennwagen beim Avusrennen 1937 in der Nordkurve.

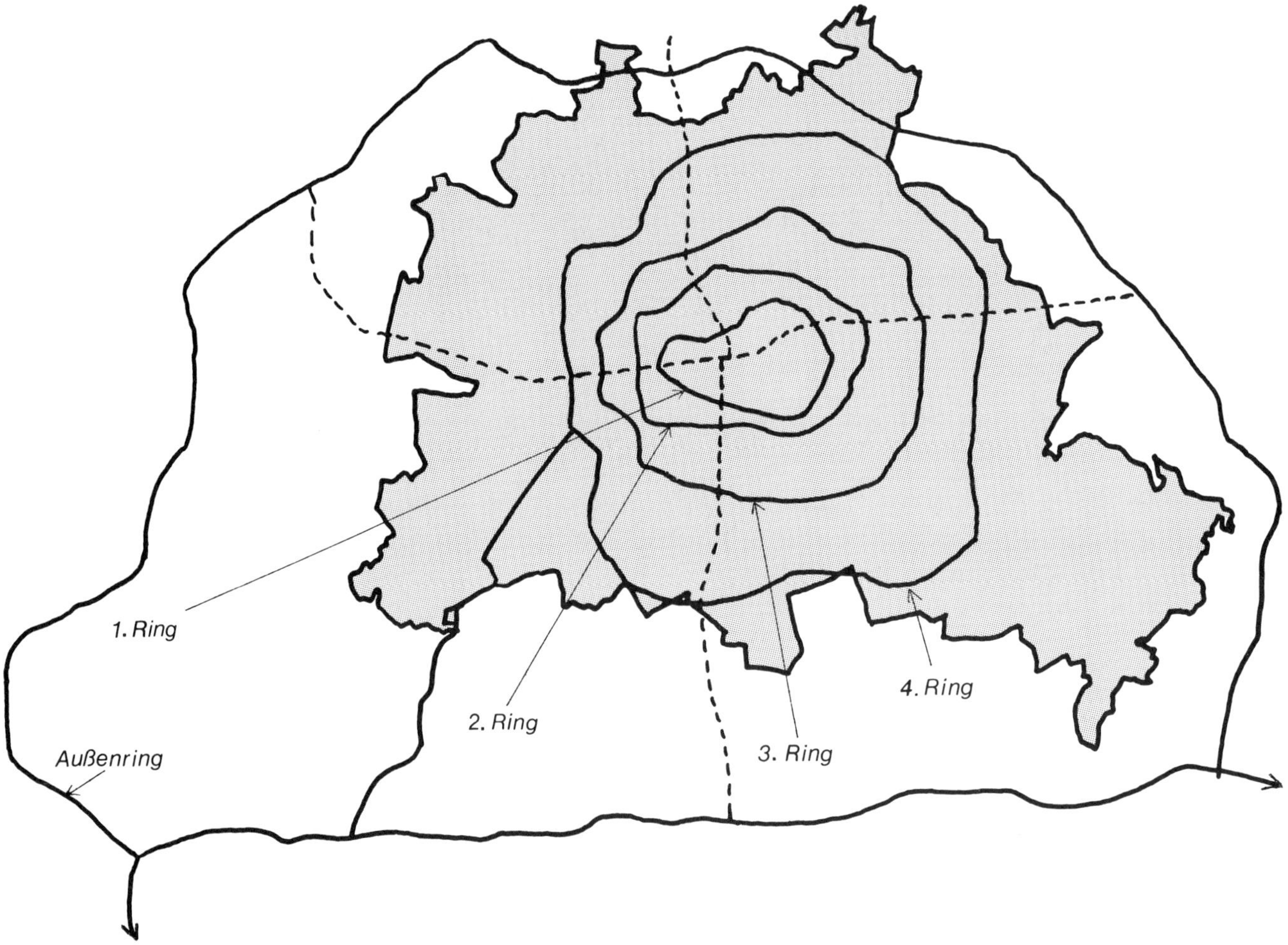

Oben: Straßenplanung à la Speer. Fünf Ringe sowie die Achsen sollten die Stadt wie ein Fadenkreuz durchziehen.
Rechte Seite: Berlin sollte völlig umgekrempelt werden. Die hier abgebildete Nord-Süd-Achse zeigt den Nordbahnhof, das große Wasserbecken und die Halle des Volkes. Nach dem Krieg, als die Trassen wirklich dafür freigeschlagen waren, wollte es niemand mehr so richtig (oder traute sich nicht, es auszusprechen).

haben, sondern zum einen – ebenso wie die Achsen – möglichst repräsentativ wirken und zudem den Güterverkehr aufnehmen, damit dieser nicht durch Wohnstraßen fließt.

Der Speersche dritte Ring ist heute ebenfalls nur anhand von kleinen Stücken nachzuvollziehen. Dort, wo jetzt die Schildhornstraße in Steglitz die Westtangente quert, sollte auch der dritte Ring angelegt werden. Zwischen Schildhorn- und Treitschkestraße gibt es heute noch eine kleine Grünanlage mit Kinderspielplatz, wo die Trasse verlaufen sollte. Nach Norden hin sollte sie zur Schlangenbader Straße führen und auf einem Teil des jetzigen Stadtringes West verlaufen. Dort, wo heute der Kurt-Schumacher-Damm liegt, sollte der dritte Ring weitergeleitet werden.

Der zweite Ring hätte im Norden etwa den Verlauf von Osloer- und Seestraße genommen, hätte am westlichen Ende einen rechtwinkligen Knick nach Süden gemacht und wäre der Brandenburgischen und der Konstanzer Straße gefolgt. Ein erneuter, fast rechtwinkliger Knick hätte in östlicher Richtung nach Schöneberg und Tempelhof geführt.

Der erste Ring war bereits vor dem Krieg schon entsprechend ausgeschildert. Er verlief im Süden auf den bestehenden Straßen des »Generalzuges«, also Gneisenaustraße, Yorckstraße und Bülowstraße bis zum heutigen Ernst-Reuter-Platz. Dann folgte er über March- und Franklinstraße zur Straße Alt Moabit, um knapp südlich des heutigen Güterbahnhofs Heidestraße in Richtung Prenzlauer Berg zu führen.

Die Avus wäre nach diesem Konzept eine Verbindung des fünften mit dem vierten und dritten Ring geworden, man hätte sie am Funkturm vorbei in Richtung Ost-West-Achse geleitet. Sie bedeutete im Sinne der Planung einen fast idealen Übergang vom südlichen und westlichen Netz der Reichsautobahnen in die innerstädtischen Straßen. Nimmt man den jetzigen Stadtring West für einen Kompromiß aus viertem und drittem Ring, dann erfüllt die Avus diesen Zweck recht gut.

SÜDKURVEN

Bei der Planung für die südliche Anbindung der Avus an den Berliner Ring gab es in Nikolassee allerdings einige Probleme. Eine gerade Streckenführung an den Bahnanlagen entlang war unmöglich, weil man den Bahnhof Wannsee, das Wasserwerk Beelitzhof und auch die Schußwaffen-Versuchsanstalt (heute Schießplatz Rose Range) am Stahnsdorfer Damm hätte abreißen müssen. Auch eine Planungsalternative, durch das Tal der Rehwiese, schied aus. Ursprünglich hatten sich die Planer davon die Beibehaltung der alten Südschleife erhofft, zudem war das Gelände weitgehend unbebaut. Unüberwindliche Schwierigkeiten gab es allerdings an dem Punkt, wo die Verlängerung in die bestehende Avus einmünden sollte, da die Abstände zur Grunewaldbahn zu gering waren. Bei der Überquerung der Bahnanlagen hätte man zu komplizierte und für die Kraftfahrer letztlich auch zu unübersichtliche Kreuzungsbauwerke errichten müssen. Recht unvorteilhaft wäre bei dieser Lösung die Kreuzung mit der Potsdamer Straße ausgefallen. Schließlich entschied man sich noch aus einem weiteren Grund für die jetzige Straßenführung: der Baugrund in der Rehwiese war zu weich, als daß er die Trasse ohne weiteres ausgehalten hätte. Noch heute finden sich dort Brunnen der Wasserwerke, die aus dem Boden einen nicht unerheblichen Teil ihres Rohwassers für das Wasserwerk Beelitzhof fördern.

So wählte man eine Trassenführung im Zickzack, zwischen Schlachtensee und Nikolassee hindurch. Erst 1962 wurde die etwas gewagte Kurvenführung am Nikolassee entschärft, die Ingenieure hatten dafür pfahlartige Befestigungen des Trassenrandes installieren müssen. Bei dieser Planungsvariante verlor das Wasserwerk Beelitzhof nur einen Reinwasserbehälter, auch die Bahnanlagen konnten verhältnismäßig einfach unterquert werden. An der Potsdamer Chaussee, die ebenfalls 1937/1938 zweibahnig ausgebaut worden war, hatten die Straßenbauer ausreichend Platz, um ein sogenanntes Kleeblatt anzulegen, das die kreuzungsfreie Einmündung aus allen Verkehrsrichtungen ermöglichte. Eine solche

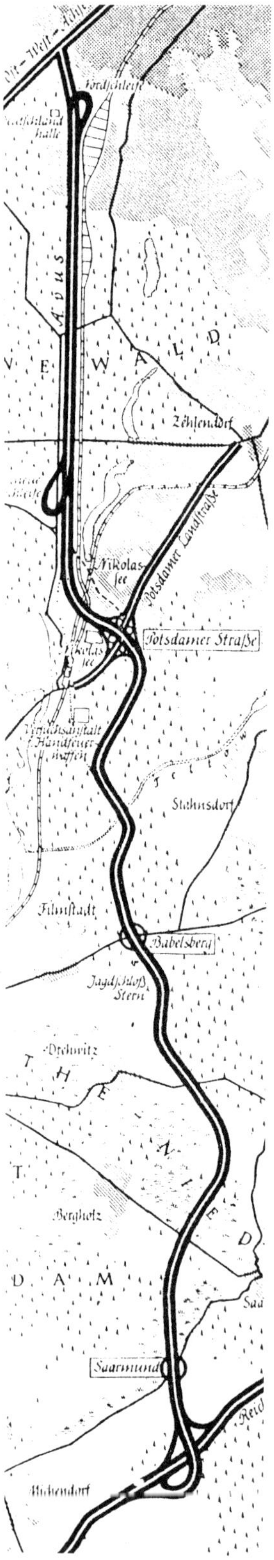

Konstruktion beruhte auf der Idee des Schweizer Schlosserlehrlings Willy Sarbach. Er hatte 1927 in Basel die »HaFraBa«-Wanderausstellung besucht und sich über die recht komplizierten Kreuzungsbauwerke gewundert, die die Ingenieure damals für kreuzungsfreie Verbindungen erdacht hatten. Seine konstruktive Kritik wurde begeistert aufgenommen und an verschiedenen Stellen im Autobahnnetz, erstmals an der Darmstädter Autobahn, verwirklicht.

Kleeblätter wurden freilich wegen des Platzbedarfes und der Kosten nur an Stellen mit hohem Verkehrsaufkommen – zumeist Autobahnknotenpunkten – gebaut. Für simple Auffahrten, die von relativ wenigen Autos benutzt werden sollten, konstruierte man auch jetzt noch trompetenähnliche Einmündungsbauwerke, die dem auf die Autobahn einfahrenden Autolenker aber viel mehr Sorgfalt abverlangen, da er in der engeren Kurve auch noch mit Gegenverkehr rechnen muß. An solchen Stellen entsteht bisweilen auch die Gefahr, unfreiwillig auf die falsche Fahrbahn zu gelangen und zum »Geisterfahrer« zu werden.

Die Konsequenz aus dieser Anbindung der Avus an den Berliner Ring lag allerdings im Abriß der alten Südkehre. Die Überlegung, sie zu untertunneln und die Fahrbahnen für die Rennwagen seitlich in die Autobahn einzuführen, wurde angesichts der erwarteten Kosten fallengelassen.

Beim 1937er Rennen, dem ersten mit der neuen Nord-Steilkurve, hatte sich wiederum gezeigt, daß die Avus trotz aller Umbauten zu gefährlich für die neuen und sehr schnellen Fahrzeuge geworden war. Richtige Hochgeschwindigkeitsfahrten wurden ohnehin schon auf den Autobahnstücken zwischen Frankfurt und Darmstadt oder bei Dessau vorgenommen. Hubraumstarke Wagen erreichten auf der Avus, vom Funkturm aus startend, erst am Großen Stern, an der heutigen Ausfahrt Hüttenweg, ihre Höchstgeschwindigkeit von gut 360 km/h. Für die Zuschauer waren die Rennen langweilig geworden, da sie die Überholkämpfe meist nur über die Lautsprecherdurchsagen verfolgen konnten. Die Strecke war trotz der Geschwindigkeiten zu lang, die Vorbeifahrten an der Tribüne zu selten.

Die Pause während der Umbauarbeiten in Nikolassee kam also nicht ungelegen und für das 1938er Rennen wurden nur noch schwächere Wagen zugelassen, die schon an der alten Motorradkurve am Großen Stern wenden mußten. Die Avus war damit von

19,6 auf 8,3 Kilometer Länge gekürzt worden. Beim Abbau der Südschleife in Nikolassee verfolgten die Planer schließlich noch den Gedanken an eine neue Südsteilkehre, aus der aber vor dem Krieg nichts mehr wurde. Etwa in der Mitte zwischen dem Großen Stern und Nikolassee rodete man den Grunewald und schüttete das Erdreich auf. Mehr geschah zu diesem Zeitpunkt nicht mehr, da sich der Kriegsbeginn ankündigte. Nach 1945 benutzten die Amerikaner die Schleife kurz vor der Havelchaussee als Schießplatz.

Während sich das Expansionsstreben der Nazis im Einmarsch nach Österreich und in das Sudetenland austobte, das Reichsautobahnnetz als Nachschub- und Aufmarschstrecke überall ausgebaut und am 1. September 1939 zunächst Polen überfallen wurde, gingen die Arbeiten am Zubringer zwischen Avus und Berliner Ring relativ langsam voran. Erst am 23. September 1940 war die 17,5 Kilometer lange Trasse fertiggestellt. Beim Ausbau der Kreuzungen fielen gut eine Million Kubikmeter Boden an, der dazu verwendet wurde, die Autobahn über weite Bereiche auf einem Damm zu führen. Das Fachblatt »Der Straßenbau« rühmte anläßlich der Fertigstellung *»das Einfühlungsvermögen in den Charakter der Landschaft«* und die *»eleganten Kurven«*, mit denen sich das *»doppelte Band der Fahrbahn durch das abwechslungsreiche Gelände schwingt und immer neue Ausblicke in das märkische Land erschließt«*. Der Dammbau ermöglichte nicht nur *»technische Vorteile wie günstige Entwässerung, sondern erhöht auch die Übersicht über das Gelände und hält Bodennebel von der Fahrbahn fern. Die Böschungen sind weit ausgezogen und ausgerundet, so daß niemals das Gefühl aufkommt, daß hier ein Eingriff in die Natur vorgenommen wurde.«*

Wie bereits an anderen Stellen, etwa des Berliner Ringes, machte auch am Avus-Zubringer der sumpfige Boden beträchtliche Probleme. Sie waren mit Hilfe des herkömmlichen Bodenaustausches nicht mehr zu lösen, da dies zu viel Arbeit gekostet hätte. Die Straßenbauer entwickelten deshalb besondere Sprengtechniken. Vereinfacht dargestellt wurde dabei zunächst ein Sanddamm auf dem Moor angelegt, der in mehreren Schritten in den Untergrund ge-

Links: Geschlängelte Trasse. Im Norden mit Anschluß an der Ost-West-Achse sollte die Avus für die Rennen bis zur neuen Südschleife führen. Der Sanddamm wurde für die südliche Steilkurve bereits aufgeschüttet, zum Pflaster kam man nicht mehr. Heute dient die Aufschüttung als Schießplatz für die amerikanischen Truppen. Südlich davon mußte die Avus einige Schlenker machen, um das Wasserwerk Beelitzhof, den Bahnhof Wannsee sowie die damalige Schußwaffen-Versuchsanstalt zu schonen. Der Knick südlich des Kleeblattes wurde 1969 bei der Einrichtung des neuen Kontrollpunktes etwas entschärft.
Links unten: 1940 am Nikolassee. Die Avus wird, wie einst schon geplant, verlängert und an den Berliner Ring bei Saarmund angeschlossen.
Oben: Zwischen Westend und Havel sollte nach den gigantomanen Plänen der Nazis eine Universitätsstadt hochgezogen werden. Den Anfang machte man – wen wundert's – mit der Wehrtechnischen Fakultät. Sie gedieh bis zum Rohbau. Aber im kriegszerstörten Berlin mochte man nicht so direkt an die gerade erst vergangene Zeit erinnert werden. Auf dem Rohbau türmte sich bald ein Trümmerberg: der Teufelsberg.

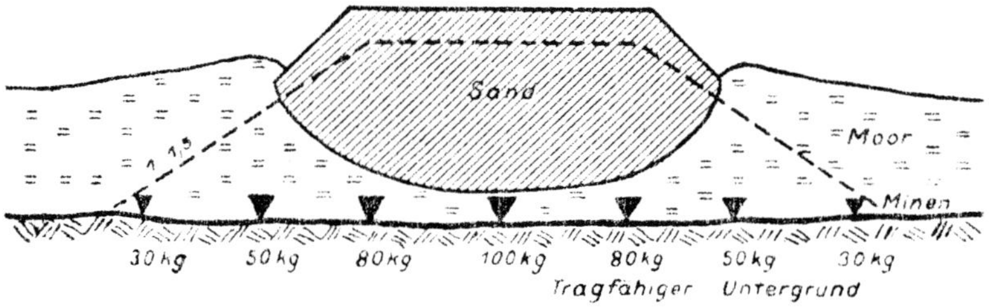

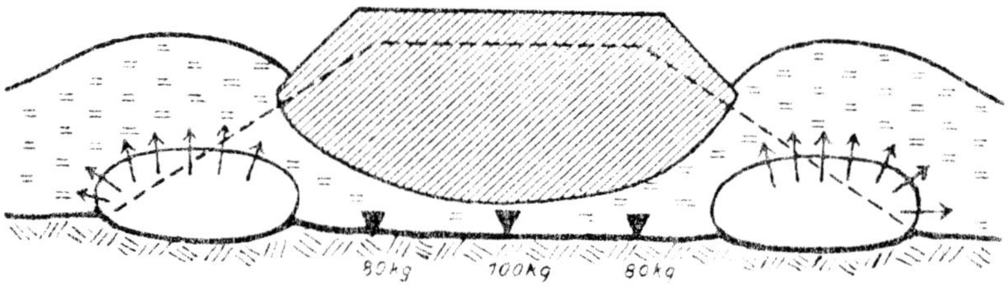

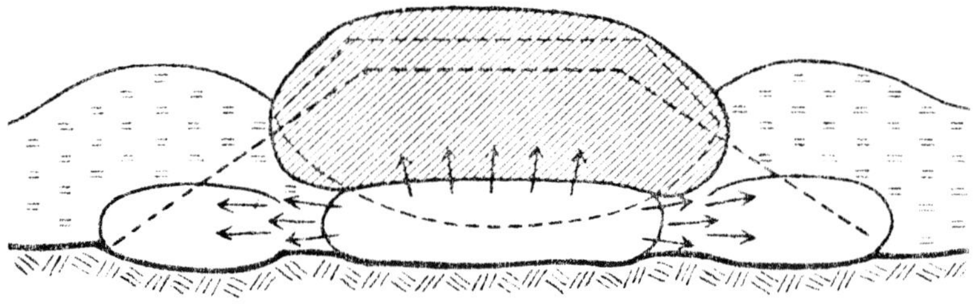

sprengt wurde. Das weiche Material spritzte unter dem Damm seitlich weg, und der Damm sank – im Querschnitt linsenförmig – in die durch die Sprengung entstandene Vertiefung ein. Für den Zubringer wurden auf diese Weise rund 230 000 Kubikmeter Moorboden verdrängt. Die Techniker mußten dafür gut 65 Tonnen Sprengstoff zünden, bis die Trasse auf dem festen Untergrund lag.[38]

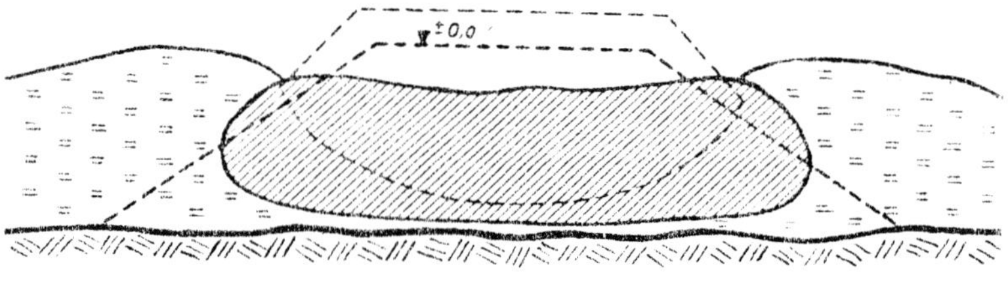

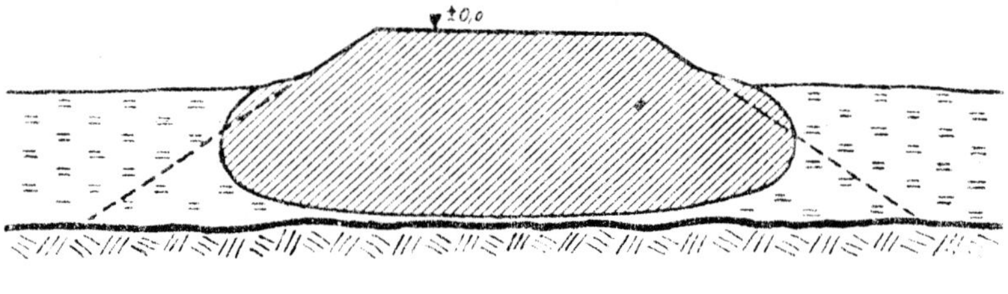

TRASSE OHNE VERKEHR

Im achten Jahr des »Tausendjährigen Reiches« war die Avus, 19 Jahre nach ihrer Eröffnung, zu dem geworden, als was sie schon 1909 angepriesen worden war: eine Verbindung zwischen der Innenstadt und Potsdam, das an den Autobahnen Richtung Hannover/Ruhrgebiet und Nürnberg/München lag. An Rennen war während des Krieges nicht mehr zu denken, es trat eine Pause ein, die bis zum 1. Juli 1951 dauern sollte. Auch der private Verkehr auf der Avus war – wie überall im Reich – erheblich eingeschränkt, denn der Treibstoff war mit Kriegsbeginn rationiert worden. Damit (nicht nur bei der Eisenbahn, der dieser Propaganda-Slogan eigentlich galt, sondern auch auf der Straße) die Räder für den Krieg rollen konnten, mußte die Bevölkerung auch bei der Fortbewegung im Auto und auf dem Motorrad Verzicht leisten.[39]

Zwischen Kriegsende im Mai 1945 und dem Anfang der Blockade 1948 trug die Avus einen zwar wichtigen, aber spärlichen Verkehr. Der Krieg hatte seine Spuren auf den Fahrbahnen hinterlassen, und hier und da war am Rand ein ausgebrannter Panzer zu sehen. Die Gleisketten der Tanks hatten sich deutlich im Pflaster eingegraben. Doch die Stadt war und ist auf die Versorgung mit Gütern auf dem Straßenwege angewiesen.

Ein Berichterstatter, der sich im Oktober 1947 an das Zehlendorfer Kleeblatt setzte, registrierte »das schwache Fazit einer Stunde: achtundzwanzig deutsche Autos (neun davon mit Berliner Kennzeichen), zwei amerikanische und neun russische kommen nach Berlin. Nur ein paar der deutschen Wagen führen Lasten mit sich, sie haben Holz, Milchkannen, Zementsäcke, Umzugsgut geladen. Nur ein einziger kommt aus der Westzone: er bringt Schuhe für den britischen Sektor«. *Aber auch der mehr oder weniger illegale Verkehr läuft über die Avus:* »Am Rande der breiten Straße liegen die Berliner zu Dutzenden in den flachen Gräben. Immer dann, wenn ein Lastauto kommt, erwachen sie aus ihrer Lethargie. Sie stopfen die eben begonnene Mahlzeit in die Rucksäcke zurück, raffen Decken und ausgebreitete Mäntel zusammen und laufen winkend auf die Straße. Die Aussichten, nach Magdeburg – Zwiebeln soll es da geben – oder nach Leipzig von hilfsbereiten oder geschäftstüchtigen Chauffeuren mitgenommen zu werden, werden immer geringer. Die Fahrer der Fernlastzüge sind vorsichtig geworden. Es gibt immer mehr Kontrollen unterwegs; man hat gedroht, ihnen die Autos wegzunehmen, wenn sie es nicht lassen können, ›Hamsterer‹ zu befördern«, wird aus der Hungerzeit reportiert. Bald sollte es auch mit diesem spärlichen Verkehrsfluß vorbei sein. Die Blockade der Land- und Wasserwege durch die russische Besatzungsmacht verschärft die Not der Berliner grausam.[40]

Nach der Aufhebung der Blockade, am 12. Mai 1949, wurden auch auf der Avus die ersten Transporte, die durch die wieder geöffneten Schlagbäume die Stadt erreichten, bejubelt. Die Avus war nun freilich keine Nur-Auto-Straße mehr. Denn in den Jahren der Not war es auch Pferdefuhrwerken gestattet worden, sie zu benutzen. Mit der Zunahme des Verkehrs nach der Blockade wurde die Genehmigung allerdings wieder kassiert.

Aufgrund der zickzackförmigen Trassenführung der alten Strecke entstand nach dem Krieg auch eine Besonderheit bei der Anlage der Kontrollpunkte. So verließ der Kraftfahrer das West-Berliner Gebiet bei Dreilinden und folgte der Straße auf ostzonalem (später DDR-)Territorium bis zum Teltowkanal. Dort, bei Albrechts Teerofen, gelangte er wieder auf einen Zipfel West-

Pferdefuhrwerke und alliierte Militärfahrzeuge beherrschten in den ersten Nachkriegsjahren das Bild auf der AVUS. »Hamsterer« versuchten von den wenigen Fernlastzügen per Anhalter mitgenommen zu werden. Aus der Verbindungsstraße nach Potsdam wurde in Folge der Berliner und der deutschen Teilung eine Transitautobahn, die bis 1969 sogar vom Kontrollpunkt Dreilinden bis zum damaligen Kontrollpunkt Albrechts Teerofen über DDR-Gebiet führte.

Linke Seite: Auch beim Anschluß der Avus an den Berliner Ring stieß man auf sumpfiges Gelände, das nicht ohne weiteres mit einer Trasse belegt werden konnte. Um den sumpfigen Boden nicht teuer und langwierig ausheben zu müssen, testete man schon von 1934 an Sprengverfahren, mit deren Hilfe ein zuvor aufgeschütteter Sanddamm so tief in das Moor hineingedrückt werden konnte, daß er auf der tragfähigen Sohle aufsitzt. Bei dem hier gezeigten Verfahren werden zunächst die Minen am Rande des Dammes gezündet, die dort Platz schaffen für den Sand, der in der folgenden Sprengwelle eingetragen wird. Beim Einbringen der Minen entwickelte man neue Spültechniken, um sich das Bohren zu sparen.

Fast das Ende für Berlin. Auch die Avus blieb von den Zerstörungen des Krieges nicht verschont. Das Torgebäude an der Nordkurve (rechts) wurde bald nach Kriegsende abgerissen.

KINDER-WAGEN SPREE-WÄLDER ART

Berliner Gebietes, auf dem sich der alte, westliche Kontrollpunkt befand. Kurz dahinter wiederum begann die Transitstrecke. Erst mit dem Umbau der Streckenführung und einem neuen Schlenker in östliche Richtung verschwand dieser mehrmalige Wechsel des Hoheitsgebietes 1969. Jetzt bleibt der Autofahrer schon hinter dem neuen Kontrollpunkt Dreilinden, im südlichen Anschluß des Kleeblattes, auf DDR-Territorium. Der alte Kontrollpunkt in Albrechts Teerofen lag mehrere Jahre brach, wurde dann für eine Verkehrsschule mit Schleuderkurs kurzzeitig genutzt, und jetzt befindet sich dort ein Campingplatz. Nur noch ein etwa 100 Meter langes Betonband erinnert heute an die frühere Trasse des Avus-Zubringers. Das Stück verwitternde Straße endet an der Mauer, blickt man durch ihre Löcher, kann man die neue Straßenführung erkennen.

Kaum waren die ersten Hindernisse der Nachkriegszeit überwunden, da begannen zum Teil heftige Auseinandersetzungen um eine Wiederbelebung der Rennsporttradition auf der Avus. Berlin wollte sich den Spaß nicht nehmen lassen. Schon 1949 rührten die Befürworter der Avus-Rennstrecke die Werbetrommel. Sie wurden angeführt von Dr. Kämpny, Vertreter des Berliner Motorsportclubs, und vom Mercedes-Rennleiter Neubauer. Ihnen stand der Automobilclub von Deutschland (AvD) gegenüber. Sein Rennexperte, Erwin von Salzgeber, bezeichnete die Avus als *»zu verholpert«*, sie ließe nur noch *»Kinderwagenrennen auf Spreewälder Art«* zu. Der Magistrat der Stadt verhielt sich in dieser Auseinandersetzung zunächst zurückhaltend bis ablehnend, denn er hatte die Idee, in der Nordkurve einen Autohof für Fernlastzüge samt Hotel und Werkstätten zu errichten. Damit wären dem Stadtsäckel rund 30 000 Mark jährlich zugeflossen. Doch nicht alle Behörden waren mit dem Autohof-Plan einverstanden. So hieß es vom damaligen Hauptamt für Leibeserziehung, daß ein einziges Rennen mehr einbrächte als jene 30 000 Mark. Das Hauptplanungsamt verwies darauf, daß auch der Bau eines solchen Autohofes viel Geld koste, das man nicht habe. Dabei ging es durchaus um nennenswerte Beträge, die Kostenschätzungen beliefen sich auf rund 4,5 Millionen Mark.[41]

BEI DEN »BRATKARTOFFEL-BRÄUTEN«

Der solchermaßen in die Enge getriebene Magistrat berief sich nun auf das Sicherheitsargument, stellte es aber auf so schwache Behauptungen, daß er sich blamierte. Er behauptete, daß die Wagen durch die nahegelegene Südkurve am Großen Stern so wenig Anlauf bekämen, daß sie die Nord-Steilkurve gar nicht befahren könnten; sie würden mangels Geschwindigkeit aus dem oberen Bereich der Nordkurve herunterrutschen.

Das war den Motorsportlern denn doch zu streng. Einer bot sogar an, man möge ihm ein beliebiges Taxi geben, er werde schon zeigen, daß man auch mit 50 km/h nicht aus der Wand kippe. Als dann auch der Obmann der Fuhrgewerbeinnung, Martin Hempel, das Desinteresse der Brummi-Kapitäne an dem Autohof in der Nordkurve kundtat, war der Widerstand gegen die Renn-Lobby gebrochen. Hempel hatte unter anderem dargelegt, daß die Fernfahrer lieber bei ihren »Bratkartoffel-Bräuten« blieben, das koste sie weder Standgeld noch Übernachtungsgebühren. Die bereits bestehenden vier Berliner Autohöfe seien ja auch nur zu 30 Prozent ausgenutzt.

Die letzten Bedenken gegen die Avus wurden am 28. Juni 1950 ausgeräumt, als Hellmuth Niedermeyer, nach Presseberichten »mit weißer Kappe und Ringelsöckchen«, in einem BMW der 8-Liter-Intertypklasse über die Strecke fuhr. Trotz kaputter Zylinderkopfdichtung und strömendem Regen legte er einen Rundendurchschnitt von 187,5 km/h vor. Das überzeugte die Verantwortlichen; sie gestatteten noch für den 24. September jenes Jahres einen Wettbewerb. Das klappte allerdings nicht, weil das Geld für dringende Instandsetzungen fehlte. Gut 100 000 Mark sollten aus dem European Recovery Programm (ERP) über das Bundesverkehrsministerium in den Grunewald fließen. Es stand aber erst für das Folgejahr bereit, und konnte noch nicht für die Arbeiten an der Avus verwendet werden.

Die Diskussion um die Avus hatte freilich auch sonderbare Blüten getrieben. Mitglieder der amerikanischen Hohen Kommission hatten angeregt, entsprechend dem Rennen in Monaco eine Veranstaltung durch ganz Berlin fahren zu lassen. Start und Ziel sollten jeweils auf der Avus sein.

hatten nur vier Wochen bis zum Rennen Zeit, um Zuschauerterrassen anzulegen, einen Begrenzungszaun zu ziehen und auf mehreren Kilometern zum Schutz der Besucher Betonmauern zu errichten. Bis zu 800 Arbeiter des damals krisengeschüttelten Berlin rackerten in zwei Schichten. Sie beendeten die Vorarbeiten für das Rennen schon Mitte Juni. Die Strecke selbst war in einem ausreichend guten Zustand, nur die Südkurve mußte ausgebessert werden. Die Bauarbeiter wurden nicht nur von Vertretern der Bauverwaltung überwacht und von Journalisten beobachtet, sondern auch von Spaziergängern. Wie der Reporter schnell herausfand, waren die Spaziergänger auch beruflich im Grunewald: es handelte sich um Eisverkäufer und Würstchenhändler, die einen umsatzträchtigen Standort für ihre Buden ausfindig machen wollten.[44]

Schon 1952 gewann die Avus ihren Charakter als Straßenbau-Versuchsstrecke wieder zurück. Das 4,5 Kilometer lange Stück zwischen der Südkurve und Nikolassee war erneuert worden, 250 000 Mark hatte allein die neue Straßendecke gekostet, die nun als eine der gleichmäßigsten in Deutschland galt. Denn die Baumaschinenindustrie hatte neue Geräte entwickelt, deren Abtastbohlen auch geringste Höhenunterschiede erfaßten und über eine neuartige Steuerung ausglichen. Die vorgegebenen Toleranzen waren gar nicht ausgenutzt worden.

Auch am nördlichen Ende der Strecke wurde gearbeitet. Einen 300 Meter langen Abschnitt der Betonfahrbahn erneuerten die Straßenbauer wiederum in Beton, ein weiteres Stück erhielt einen Überzug aus Gußasphalt. In die Oberfläche senkten die Ingenieure spezielle Metallkegel, mit denen der Abrieb der Decke durch den Verkehr genau ermittelt werden konnte.

Sogar ein Ausschuß wurde gebildet, dem die Hohen Kommissare Dix und Rode sowie der Polizeivizepräsident Urban und der Charlottenburger Stadtrat Hausmann angehörten.[42] Aus dieser Sache wurde ebenso wenig, wie aus dem Vorschlag des ADAC und der Technischen Universität, nahe der Nordkurve ein Autodrom zu errichten. Diesen Ideen zufolge sollten aus Trümmerschutt zwei Steilkurven gebaut werden, die durch zwei etwa 1000 Meter lange Geraden miteinander verbunden wären.[43] Nun, es blieb doch bei der – kurzen – Avus; an einen Weiterbau der zum Schießplatz zweckentfremdeten Südkurven-Sandaufschüttung war nicht zu denken. An der Ausfahrt Hüttenweg war weiterhin, bis heute, Wendepunkt.

DIE TRASSE ANGEBOHRT

Während also über andere Projekte und Objekte für den Motorsport nachgedacht wurde, traf das Geld für den Avus-Ausbau im Mai 1951 endlich ein. Allein die Materialkosten betrugen 170 000 Mark, an ihnen beteiligten sich Brauereien mit 30 000 Mark. Wie so häufig in der Geschichte des deutschen Straßenbaues wurden wiederum Notstandsarbeiter zusammengetrommelt. Sie

Ein Teil dieser Arbeiten war aber nicht nur wegen des technischen Fortschritts auf dem Baumaschinensektor notwendig geworden. Viele Unterlagen über die Avus waren in den letzten Kriegstagen verlorengegangen. Die Bauverwaltung mußte der Trasse schließlich Bohrkerne entnehmen, um daran den jeweiligen Aufbau des betreffenden Streckenteils ermitteln zu können. In Einmachgläsern aufbewahrt, füllten die Proben ganze Regale in den Kellern der Verwaltung, wurde 1952 berichtet. Heute sind auch sie nicht mehr auffindbar, aus Platzgründen hatte man sie nach Ablauf der

Links: Noch 1949 provisorisch: der Grenzkontrollpunkt Dreilinden auf Albrechts Teerofen.
Rechts: »heißes Eisen«. An dem »Borgward Hansa 1500« hängt ein Teilnehmer des 1953er Avusrennens. Er wird von den Grenzern in Dreilinden nicht gerade wohlwollend beäugt.

jeweiligen Gewährleistungsfristen für die neuen Arbeiten weggeworfen.

Da sich der Unterbau bis auf wenige Stellen im Laufe der jahrelangen Benutzung ausreichend gesetzt und verfestigt hatte, mußte auf dem Teil zwischen Südkehre und Funkturm lediglich der Fahrbahnbelag ausgewechselt werden. Dieser war nicht allein durch schwere Lastwagen, sondern vor allem durch Panzer lädiert worden. Die Avus-Rennleitung bat deshalb Mitte Mai 1952 die britische Militärregierung darum, die Strecke auf Fahrten ins Manöver bis zum 1. Juni, dem Tag des nächsten Rennens, mit Tanks zu verschonen.[45]

EIN KORRUPTIONS-SKANDAL

Kaum war das erste Geld für eine umfassende Sanierung der Rennstrecke zur Verfügung gestellt – die Bundesregierung hatte eine Million Mark locker gemacht –, da deutete sich schon ein Bauskandal an. Um gut 91 000 Mark für die ersten Arbeiten im Jahre 1951 ging es. Wie es hieß, hätte man sie sparen können, wären die Ausbesserungen im Leistungsentgelt und nicht im Zeitlohn ausgeschrieben worden. Der Rechnungshof mußte auf Veranlassung des Bezirksamtes Charlottenburg den Fall untersuchen. Ein Angestellter des bezirklichen Bauamtes wurde versetzt, ein anderer beurlaubt. Was aus den Vorwürfen geworden ist, kann heute nicht mehr nachvollzogen werden.[46]

Größere Arbeiten an der Grunewaldstrecke begannen gegen Ende der fünfziger Jahre. Nachdem bis 1961 an besonderen Gefahrenstellen Schutzplanken installiert worden waren, ging man daran, die Ausfahrt Nikolassee mit Rampen nach Süden zu versehen. Ursprünglich sollten sie – wie ihre Gegenstücke in Richtung Funkturm – schon 1940 gebaut werden, aus »Zeitmangel« hatte man sie damals vernachlässigt. Wer vom Kleeblatt nach Nikolassee wollte und umgekehrt, konnte auch leicht den kleinen Umweg über Wannsee machen. Darüber hinaus wurde beschlossen, die westliche Fahrbahn am Nikolassee zwischen Alemannenstraße und Kleeblatt zu begradigen. Die Befestigungen für die Trasse mußten sehr dicht an das Seeufer gesetzt werden, wodurch die Kurve jetzt nur noch eine leichte Biegung macht. Inklusive neuer Fahrbahnen wurden etwa acht Millionen Mark ausgegeben.

BOSCH

ÖSTLICHE UND WESTLICHE SIEGER

1946 feierte die Avus silberne Hochzeit. Die Feier fiel bescheiden aus. Es gab kein Rennen, nur ein paar Würdigungen in der Presse. Noch war nicht aller Schrott links und rechts der Bahn quer durch den Grunewald geräumt, welcher der Krieg hinterlassen hatte. Überall säumten noch ausgebrannte Panzer und zerstörte Militärlastwagen die Fahrbahn, über die einst das erste Raketenauto der Welt jagte und sich schwere Rennwagen ein Stelldichein gaben, um mit 400 km/h Spitze die »Nabelschnur Berlins« entlangzubrausen.

Alles in allem hatte die Avus aber nur geringfügig beim Kampf um Berlin gelitten. Die Bombentrichter hielten sich in Grenzen.

Die großen Tribünen am Kaiserdamm in der Nähe des Funkturms waren allerdings ausgebrannt.

Obwohl die Avus – jahrelang schnellste Rennstrecke der Welt – 1921 mehr zu werden versprach, diente sie 1946 nur dem »normalen« Verkehr. Statt einem Caracciola und einem Fagioli zuckelten nun die Siegermächte und generatorbewehrte Kommunalfahrzeuge über die Teerbetondecke.

»Wird es noch einmal Autorennen auf der Avus geben?« – Kaum ein Berliner glaubte zu diesem Zeitpunkt an die Renaissance des Motorrennsports in der Viermächtestadt. Eher wurde es für möglich gehalten, daß man sich fortan nur noch per Muskelkraft fortbewegen würde.

Ab dem 19. November 1949 behandelte die Berliner Polizei die Avus in der Verkehrsregelung als öffentliche Straße. Das bedeutete, daß auch Pferdefuhrwerke und Radfahrer die Avus benutzen konnten. Alle Verkehrsteilnehmer, welche die Avus passierten, hatten die Vorschriften der Straßenverkehrsordnung und der Straßenverkehrs-Zulassungsordnung zu beachten, wie seinerzeit das Kraftverkehrsamt im Polizeipräsidium mitteilte.

Der im amerikanischen Sektor der Stadt verlaufende Teil der Avus war am 20. April 1949 durch Gesetz der US-Militärregierung Nr. 19 der Stadt Berlin übertragen worden. Die britischen Besatzungsbehörden übergaben die Verwaltung der Avus-Strecke im britischen Sektor treuhänderisch dem Finanzamt für Liegenschaften. Grundbuchlicher Eigentümer dieser Straße war also fortan die Stadt Berlin (Forstverwaltung).

Schon Ende 1949 gab es Pläne des ADAC und der Bezirke Charlottenburg, Wilmersdorf und Zehlendorf, die 8,5 km lange Avus erneut zu einer modernen Rennstrecke auszubauen. Der »Tagesspiegel« berichtete in seiner Ausgabe vom 10. November:

»Die Avus soll nach einem Plan des Bezirksamtes Charlottenburg wieder als Motorrennstrecke ausgebaut werden. An der Nordschleife sind nur wenige Reparaturen nötig; wo die Südkurve, die früher bei Nikolassee war und die während des Krieges beseitigt wurde, neu errichtet werden soll, steht noch nicht fest. Die Länge der Rennstrecke, die früher 9,8 Kilometer betrug, muß wegen der hohen Baukosten wahrscheinlich auf sechs bis sieben Kilometer verkürzt werden. Nach Ansicht von Vertretern des Motorsportes genügt das, um die Durchschnittsleistungen der Wagen nach den neuesten Gesichtspunkten zu erproben. Der Ausbau von Boxen und Reparaturwerkstätten wird keine großen Kosten verursachen, da die Anlagen noch vorhanden sind. Auch die notwendige Verlegung der Zubringerstraßen wird, wie uns das Hauptamt für Stadtplanung sagte, keine großen Schwierigkeiten bereiten. An den Renn- oder Trainingstagen könnte der Verkehr schon vor der Stadtgrenze umgeleitet werden. Der Plan des Magistrats, in der Nord-

Noch einmal, Anfang der fünfziger Jahre, sah es so aus, als könnte die Avus an ihre alten Publikums- und Sporterfolge anknüpfen. 1951 gewann ein DDR-Rennsportkollektiv gar das Internationale Avus-Rennen. 1954 war die bundesdeutsche Nachkriegswelt wieder in Ordnung, als die ersten drei Plätze des Grand Prix von Kling, Fangio und Herrmann belegt wurden.

Linke Seite: Der Regierende Bürgermeister von Berlin, Fritz Reuter, 1951 beim ersten großen Avusrennen vor der Haupttribüne.

schleife ein Autohotel zu errichten, soll trotz der Wiederherstellung der Avus als Rennstrecke verwirklicht werden. Wie wir vom Hauptamt für Stadtplanung erfahren, können beide Projekte miteinander vereinigt werden, da der Autohof den Erfordernissen angepaßt und keinen großen Raum beanspruchen würde.«

Vorerst aber geschah nichts. Die Zukunft der Avus stand weiterhin – auch zwölf Jahre nachdem zum letzten Mal die Motoren der Sportwagen und Motorräder über die Avus gedonnert waren – in den Sternen. Vor allem fehlte es an Geld, um die Avus als Rennstrecke wieder instand zu setzen. Man hoffte, einen Teil der Arbeiten in das Notstandsprogramm der Stadt Berlin aufnehmen zu können. Bekannte Motorsportfunktionäre Berlins wie Dr. Kämpny und Dr. Lindner vom ADAC warben über die Stadt hinaus um Unterstützung und setzten sich mit Rennleiter Neubauer (Mercedes-Benz), Auto Union, Continental, Rennfahrern und Fachjournalisten zusammen. Gemeinsames Motto: »Berlin soll eines seiner stärksten Propagandamittel erhalten bleiben!«

Vorläufig aber lag weiterhin winterliche Ruhe über der Nordkurve. Verödete Schrebergärten, verrostete Eisen- und Blechteile, niemals zu Ende gebrachte Neubauten, Baracken, ein paar Autowracks und halbzerstörte Luftschutzbunker prägten zusammen mit 20 kleinen Betrieben des Krafthandwerks, die sich in der Nordkurve angesiedelt hatten, das Bild. Szene künftiger Ereignisse?

RENNEN 1951

Schließlich war es dann doch soweit. Das erste Internationale Avus-Rennen der Nachkriegszeit konnte am 1. Juli 1951 starten. Die Pause war lang genug gewesen. Bundespräsident Heuss hatte extra ein Grußwort auf Band gesprochen, das bei Eröffnung des Rennens über Lautsprecher entlang der Avus abgespielt wurde:

»Wenn am 1. Juli erstmalig nach langen Jahren wieder die Motoren auf der Avus dröhnen, so ist das nicht nur für die Berliner selbst, sondern auch für alle Freunde Berlins draußen ein sichtbares und hörbares Zeichen dafür, wie ungebrochen in allen Nöten die Lebenskraft dieser Stadt geblieben ist. Denn die Avus gehört als volkstümliche Stätte des Motorsports genau so zu den Wahrzeichen Berlins wie der nahe Funkturm an den Messehallen. So gilt mein Gruß an diesem Tage, an dem die Rennstrecke im Grunewald wieder ihrer alten Bestimmung übergeben wird, nicht allein den Sportlern, die hier ihre Kräfte messen, oder den Zehntausenden von sportbegeisterten Zuschauern, die wie ehedem die Ränder der Avus umsäumen – er gilt allen Berlinern.«

Das Publikum kam in Massen. Waren es schon hunderttausend Besucher beim Fußballendspiel im Olympiastation am Vortag, so drängten sich am Avus-Sonntag stolze 250 000 Menschen auf Tribünen, hinter Drahtzäunen oder gar auf Dächern und Bäumen. Selbst Fahnenstangen blieben von ihrer Begeisterung nicht verschont.

Endlich hatte Berlin wieder ein wahres Volksfest!

Unter den Zuschauern, welche die Wiederauferstehung der Avus als Rennstrecke miterleben wollten, weilte an diesem Tag auch der große Sieger von 1926 – Rudolf Caracciola.

Über dem Eingang zur Avus und über der Nordkurve wehten die Flaggen von zehn Nationen, und die Presse meldete: »Das sommerliche Wetter lockte sogar Zuschauer im Badeanzug als Zaungäste herbei, und immer wieder sah man ganze Familien im bunten Trubel an der ganzen Strecke, wo sich die Eishändler über Rekordumsätze freuten. Nicht nur die Westberliner waren zur Avus hingeströmt, zu Tausenden waren die Zuschauer auch aus dem Sowjetsektor und der Sowjetzone gekommen.«

1400 Polizisten wurden seit früh um sechs Uhr eingesetzt, um die Rennstrecke abzusperren und 361 Berliner, meist vom Roten Kreuz, leisteten ärztliche Hilfe. Einer der ersten Patienten: ein Zweiundzwanzigjähriger, der an der Nordkurve vom Baum stürzte.

29 Wagen der Formel II und 44 Fahrzeuge der Formel III traten zum Start an. Auch DDR-Rennwagen nahmen teil. Es handelte sich um Wagen eines Kollektivs aus Berlin-Johannisthal, welches weiterentwickelte Wagen der BMW in Eisenach einsetzte. Die ostdeutschen Wagen hatten Sechszylindermotoren mit 2 bzw. 1,5 Liter Hubraum. Die Motoren wurden von drei Vergasern gespeist, wie beim Vorkriegs-BMW 80 PS. Die Höchstgeschwindigkeit betrug 230 km/h. Bei einem Gewicht von 550 kg erreichten die Wagen mit stehendem Start 180 km/h innerhalb einer Minute. Wie der Dessauer Chefingenieur Arthur Rosenhammer versicherte, wurden die Wagen innerhalb von

Mercedes-Rennwagen vor dem Training zum Rennen 1954.

vier Monaten konstruiert. Tatsächlich hatte DDR-Parteichef Walter Ulbricht, der innerhalb der DDR auch für Sportangelegenheiten zuständig war, schon zuvor mehrere Versuche veranlaßt, um einen wettbewerbsfähigen Rennwagen fertigzustellen. Aber die ostdeutschen Machthaber mußten mit den Ingenieuren, die sich ihnen als »politische Flüchtlinge aus dem Westen« vorstellten, betrübliche Erfahrungen machen.

Ulbricht hatte als einen der Fahrer ursprünglich Arthur Rosenhammer vorgesehen. Doch Rosenhammer hatte noch nicht 1½ Jahre wegen Wirtschaftsvergehen im ostzonalen Gewahrsam abgesessen, so daß letztlich die Wahl auf Paul Greifzu (DDR) fiel. Greifzu lieferte seinem Hauptgegner Toni Ulmen auf Veritas, dem Deutschen Meister von 1950, ein erbittertes Duell – und gewann. Siegerkranz und Pokal überreichte der Regierende Bürgermeister Ernst Reuter.

Die Avus hatte 1951 einen guten Start, was den Veranstaltern den Mut gab, 1952 gleich zwei Wettbewerbe auszuschreiben. Im Gegensatz zum Avus-Rennen am Pfingstsonntag blieb die Veranstaltung am 28. September auf Automobilrennen beschränkt. Motorräder wurden nicht zugelassen. Alle vier für diesen Tag ausgeschriebenen Rennen waren international besetzt. Außerdem galt das Rennen gleichzeitig als Endlauf für die Deutsche Meisterschaft 1952.

Die Rennen der Sportwagen verteilten sich auf drei Klassen: G bis 1100 ccm, F bis 1500 ccm und E bis 2000 ccm Hubraum. Jedes dieser Rennen führte über 15 Runden, das war eine Distanz von 124,5 km. Das vierte Rennen war den Rennwagen der Formel 2 (bis 2000 ccm) vorbehalten. Diese hatten in 25 Runden 207,5 km zu durchfahren.

Leider vermißte man die Namen der großen Cracks vom Volant wie Ascari, Villoresi, Farna usw. Sie waren Startgelder gewöhnt, die sich in damaliger Zeit einfach noch nicht aufbringen ließen.

Borgward, Porsche und die AWE-Wagen des DDR-Rennsportkollektivs um Paul Greifzu lieferten sich in der Klasse bis 1500 ccm erbitterte Duelle.

Bei den Zweiliter-Sportwagen dominier-

Auf dem Flughafen Echterdingen werden Porsche-Rennwagen verladen, die 1955 am Avusrennen teilnehmen sollen.

ten die Veritas-Wagen zahlenmäßig; Sieger wurde jedoch der Schweizer Meister Rudolf Fischer auf dem einzigen Ferrari.

Der Auftakt zum Internationalen Berliner Avus-Rennen war wenig verheißungsvoll. In den Vormittagsstunden goß es in Strömen, und es sah so aus, als ob die Veranstaltung »verregnen« würde. Bei einer Besprechung der Fahrer aber hatte sich die Mehrheit dafür entschieden, die Meisterschaftsläufe auf jeden Fall durchzuführen. Rund 80 000 Besucher umsäumten den Rennkurs. Ein packendes Duell gab es in der Klasse F (bis 1500 ccm) zwischen Borgward und Porsche. In den ersten Runden fuhr Richard Trenkel auf Porsche einen Vorsprung vor den beiden Borgward aus Bremen mit Hans Hugo Hartmann und Adolf Brudes heraus. Trenkel fiel jedoch in der vorletzten Runde auf den vierten Platz zurück. Unangefochten ging Hans Hugo Hartmann auf Borgward als Erster über das Zielband.

RENNEN 1953

In der zweiten Runde eines Rennens von zwölf serienmäßigen Porsche-Sportwagen geriet eingangs der Nordkurve der Berliner Fahrer Herbert Quoos auf einem Porsche 1500 ins Schleudern und fuhr in den zum Schutz des Publikums ausgehobenen Graben. Der Fahrer wurde leicht verletzt, der Wagen war Totalschaden.

Auch im Sommer 1953, drei Wochen nach dem niedergeschlagenen Volksaufstand in der DDR vom 17. Juni, fanden wieder Avusrennen statt, zu denen erneut Tausende von Ostberlinern, Brandenburgern und Sachsen strömten und den Fahrern zujubelten. Organisator war der AvD. Wie im Jahr zuvor lieferten sich die Porsche- und Borgward-Wagen erbitterte Duelle um Sekunden.

In der Formel II machte der Belgier Jacques Swaters auf Ferrari das Rennen.

Als die Avus 33 Jahre alt wurde, 1954, hatte sie sich längst wieder im Renngeschehen etabliert und galt ungebrochen als Zauberwort für die Berliner.

Der Automobilclub von Deutschland hatte 1954 als Veranstalter keine Mühen und Kosten gescheut, um den alten Glanz der

Avus im neuen Licht erstrahlen zu lassen. Die Preise waren so hoch dotiert, daß an sich anzunehmen war, der Welt beste Fahrer auf den schnellsten Werksrennwagen würden an den Start gehen. Daß es nachher nicht so kam, hatte folgende Ursache:

Völlig deprimiert durch die ständigen Niederlagen gegen die deutschen Silberpfeile hatte Signor Ferrari kurzentschlossen seinen gesamten Rennfahrzeugpark nach Australien verkauft. Es blieb als letzter ernsthafter Gegner für die Stuttgarter Wagen der Formel I das Haus Maserati. Doch auch diese italienische Marke blieb dem Tempokampf fern. Man wollte gegen die Mercedes-Wagen keine Statistenrolle spielen.

Tatsächlich trugen die drei Mercedes-Benz Grand-Prix-Wagen einen geradezu gewaltigen Triumph davon. Mit einem Gesamtdurchschnitt, der für den siegenden Karl Kling sowie für die in Zehntelsekunden Abstand folgenden Fangio und Hermann mit 213,5 km/h errechnet wurde, hatte Mercedes-Benz einen eindrucksvollen Sieg der Schnelligkeit und Zuverlässigkeit in jenem Rennjahr errungen. Die schnellste Runde des Tages fuhr der Argentinier Juan Manuel Fangio mit 224,0 km/h.

Der erste Start der neuen Mercedes-Rennwagen auf der Avus war der Magnet, der trotz des wolkenverhangenen Himmels über hunderttausend Berliner an die Rennstrecke am Funkturm zog. Das Training auf der auf 8,3 km verkürzten Avus hatte schon gezeigt, daß diese klassische Rennstrecke nach wie vor zu den schnellsten der Welt gehörte und noch lange nicht nur »für Seifenkistenrennen« sich eignete, wie die Kritiker immer wieder kalauerten. Die Zuschauer waren gespannt, mit welchen Geschwindigkeiten die Piloten durch die Steilwand der Nordkurve rasen und wie die Wagen die Grand-Prix-Distanz von 498 km auf diesem Kurs durchstehen würden, der praktisch nur aus zwei nebeneinanderliegenden Geraden, der mit engem Radius versehenen Südschleife und der mächtigen, volle Geschwindigkeit zulassenden, stark überhöhten Nordschleife bestand.

Zehn Teilnehmer stellten sich zum »Großen Preis von Berlin« an den überfüllten Tribünen dem Starter.

Aufgrund ihrer Trainingszeiten standen die drei Mercedes-Benz-Formelrennwagen von Fangio, Herrmann und Kling in der ersten Startreihe, dahinter Behra, Gordinis erster Werkfahrer und Privatfahrer Swaters/Belgien (Ferrari). In der dritten Reihe der zweite Gordini-Werkfahrer Pilette/Belgien und dahinter die Amerikaner Wacker (Gordini), Shell (Ferrari) sowie der Berliner Niedermayer (Klenk-Meteor) placiert.

Als die Startflagge fiel, übernahm Fangio vor Kling und Herrmann die Spitze, und hinter den drei Mercedes-Wagen hielt sich in den ersten Runden überraschend gut der Gordini von Behra. Nach der 5. Runde wechselte die Spitze. Jetzt führte Kling vor Herrmann, Fangio und Behra. Die weiteren Teilnehmer verloren in der ersten Phase des Rennens bereits mehr oder weniger an Boden.

1953: MERCEDES-TRIUMPF

Nach der 15. Runde fehlte Behra durch Maschinenschaden. Schon jetzt zeigte sich die eindeutige Überlegenheit der Mercedes-Benz-Rennwagen. Die Silberpfeile absolvierten ihre Runden in gleichmäßigen Durchschnitten von über 200 km/h und hatten in einem Abstand von etwa 30–50 m voneinander fahrend schon im ersten Drittel des Rennens das gesamte Feld einmal überrundet. Ständig wechselte jetzt die Führung. Mal war Kling vorne, mal Fangio und mitunter auch der neue deutsche Meister der Rennsportklasse Hans Herrmann, der sich durch seinen zweiten Platz in dem dem Hauptrennen vorangegangenen Kampf der Rennsportwagen den Meistertitel für 1954 gesichert hatte. Am besten zu den Mercedes-Wagen hielt sich noch der Gordini von Pilette, der Shell, Wacker, Swaters, Niedermayer mit Abstand hinter sich ließ. Das Interesse der Zuschauer konzentrierte sich mehr und mehr auf den Positionskampf der drei führenden Mercedes-Wagen. »Der Stil, in welchem diese ihr Pensum herunterfuhren, war schon eine eindrucksvolle Demonstration deutscher Technik«, meldete später stolz die Stuttgarter PR-Abteilung.

Von den Tribünen und vom Innenraum der Nordschleife beobachteten die Zuschauer interessiert die Kurventechnik der Mercedes-Asse. Im Verlauf des Rennens hatte sich Weltmeister Fangio immer besser mit diesem schwierigen Halbrund vertraut gemacht.

In den letzten Runden dieses über insgesamt 60 Runden gehenden, 498 km langen Rennens betrug der Abstand zwischen den drei Rennfahrern aus Untertürkheim meist nur wenige Meter. Zehn Runden vor Schluß schob sich der 26jährige Stuttgarter Hans

Avus-Sieger 1951–1954

1951
Rennwagen Formel 2
über 207,5 km
1. Paul Greifzu
(BMW-Eigenbau)
1:08:42,6 181,190

1952
Rennwagen Formel 2
über 207,5 km
1. Rudolf Fischer
(Ferrari) 1:06:43,8 186,600

1953
Rennwagen Formel 2
über 207,5 km
1. Jacques Swaters
(Ferrari) 1:05:03,3 189,400

1954
Rennwagen Formel 1
über 498 km
1. Karl Kling
(Mercedes Benz)

Herrmann nochmals in Front, und hierbei gelang ihm eine Rekordrunde von 221 km/h. Doch wenige Minuten später hatte Weltmeister Fangio 8 Runden vor Schluß diese Zeit nochmals unterboten. Er fuhr 2:13,4 Minuten. Dies entspricht einem Schnitt von 224 km.

Diese immer schneller werdende Auseinandersetzung wurde zum Schluß praktisch gegen die Uhr gefahren, um den zu Beginn dieses Jahres in Indianapolis aufgestellten Durchschnittsrekord auf einer Rennstrecke von 210,568 km/h zu brechen und der Avus den Ruf der schnellsten Rennstrecke zu sichern. Dieses Vorhaben gelang! Als der AvD-Rennleiter von Diergart den nach 60 Runden in Front liegenden Karl Kling abwinkte, war diese Grand-Prix-Distanz mit einem Schnitt von 213,5 km/h durchfahren worden. Nur um Wagenlängen brausten dahinter Fangio und Herrmann über die Ziellinie. Alle drei Rennwagen waren unter der Indianapolis-Rekordzeit geblieben. Karl Kling hatte nun seine Pechserie endlich beendet. Die großartige Leistung des Stuttgarters verdiente besondere Anerkennung deshalb, weil er mit einer gebrochenen Rippe fahren mußte. Er hatte sich zuvor beim »Großen Preis von Italien« in Monza verletzt. Diese Bravourleistung quittierten die Berliner mit besonders herzlichem Beifall.

Allerdings war Kling später nicht voll des Lobes über den Avus-Parcours und beklagte die zahlreichen »Nackenschläge« in der Avus-Nordkurve in einem Interview mit dem »Kurier« vom 21. Sept. 1954:

»Viel schneller wird man auf der Avus nicht mehr fahren können, es sei denn, man holt auf den beiden Geraden noch einiges mehr aus dem Wagen heraus. In den beiden Kurven haben wir das Menschenmögliche getan. Vor allem die Nordkurve hat uns ein wenig Kummer gemacht. Gewiß ist der Druck durch die Zentrifugalkraft gewaltig, aber noch schwieriger zu meistern sind die Bodenwellen. Erst wenn sie beseitigt sind, wird man noch schneller durch die Nordkurve fahren können. So aber muß man dem Körper das letzte abverlangen.«

»Die Federung unserer Wagen kann die gewaltigen Stöße nicht ausgleichen. Weil Metall auf Metall schlägt, wird der Wagen fortwährend erschüttert und der ganze Körper durchgerüttelt. Gewaltige Nackenschläge sind die Folge. Das wiederholte sich beim Rennen sechzigmal, und so waren wir mit unserer Widerstandsfähigkeit ziemlich am Ende.«

Das Formel I-Rennen im Grunewald blieb ein Experiment, dem auf der Avus weitgehend nur »Schonkost« folgte. Der Versuch, 1955 in Berlin einen Weltmeisterschaftslauf zu veranstalten, scheiterte kläglich. Der Nürburgring machte das Rennen. In Berlin rasten nur die Meisterschaftsläufe der Sportwagen durch die Steilwand. Dabei kam es allerdings zu dramatischen Wettfahrten zwischen den 135-PS-Rennwagen der Eisenacher Motoren-Werke und dem Porsche Spyder. Die Spitzenfahrer dieser schnellen Sportwagen mit ihren 1,5-Liter-Motoren kamen durchweg auf Rundenzeiten, die zwischen 150–200 km/h lagen. Stellte man Parallelen an, daß diese Wagen mit ihren rund 125 PS gegenüber den Mercedes-»Silberpfeilen« mit mindestens 250 PS nur etwa 30 km/h langsamer waren, dann wußte man nicht, was man höher einschätzen sollte.

Sieger im Rennen des Jahres 1955 wurde Porsche-Werksfahrer Richard von Frankenberg, der sich später erinnerte:

»Nun ja, im Anfang lag ich in der ersten Kurve, der Südkurve also, ganz knapp vorn. Edgar Barth (DDR-Rennfahrer, d. V.) hatte einen schlechten Start gehabt und mußte zunächst also seine eigenen EMW-Kollegen überholen, bis er dann ganz geschickt in meinem Windschatten fuhr. Wir fuhren absolut voll, und wir setzten uns ein bißchen ab vom Feld der übrigen EMWs, das von Rosenhammer angeführt wurde. Und nun hab' ich mir gedacht: Kann der Barth mich aus dem Windschatten heraus überholen, oder wird er das nicht schaffen. Zweimal hat er am Ausgang der Steilkurve versucht, ob er an mir vorbeikommt, und dann war er so halb neben mir, und es war also immer eine spannende Sache. Und dann hab' ich mir gedacht: Jetzt drehst du den Spieß um, und jetzt läßt du den Barth nach vorne. Aber der war ein ganz gewiegter Taktiker, und er merkte das sofort und ging nicht nach vorn, sondern blieb hinter mir, auch mit etwas weniger Gas. Das konnte ich mir aber nur zwei- oder dreimal leisten, denn inzwischen kam der Pulk der anderen EMWs von hinten. Und wenn die einmal drangewesen wären, wäre es ganz hoffnungslos geworden. Also mußte ich wieder voll fahren« (zitiert nach R. Kitschigin, Die Avus-Story, Stuttgart 1972).

Richard von Frankenberg hatte Glück, daß seinem größten Widersacher der Gaszug riß und dessen EMW am Eingang der Nordkurve defekt liegenblieb. Die Meute der drei weiteren EMWs schaffte es nicht mehr, ihn vor der Ziellinie einzuholen. Damit war von Frankenberg am 25. September 1955 Deutscher Meister der Rennsportwagen-Klasse bis 1500 ccm wie im Vorjahr.

1956 gelang es ihm jedoch nicht, diesen Erfolg in Reihenfolge das dritte Mal zu wiederholen. Mit seinem aerodynamisch überarbeiteten Rennsportwagen (»Mickymaus«) raste er in der dritten Runde katapultartig über die obere Kante der Nordkurve hinaus, überschlug sich, wurde herausgeschleudert und landete – in einer Hecke auf der Außenseite der »Mordkurve«. Mit einer Gehirnerschütterung kam der Journalist und Rennfahrer von Frankenberg ins Westend-Krankenhaus und hatte für zwei Tage jegliche Erinnerung an diesen Zwischenfall verloren. Sein Porsche-Wagen brannte indes völlig aus.

1959 schoß wieder ein Rennwagen aus der »Todeskurve«. In ihm saß der 38jährige Franzose Jean Behra, der Gewinner des Großen Preises von Berlin 1958 und einer der am meisten favorisierten Starter. Der Nizzaer starb, nachdem er sich im Bogen um die eigene Achse gedreht hatte und am Rand der Kurve gegen den Betonklotz eines ehemaligen Flakgeschützes geprallt war, auf der Stelle. Sein Wagen zerbarst in zwei Teile.

Behra starb einen Tod, den vor ihm schon so viele andere exzellente Geschwindigkeitsakrobaten sterben mußten, aber dennoch ging man dieses Mal nicht zur Tagesordnung über, sondern stellte grundsätzlich in Frage, ob Rennen mit derart hohen Geschwindigkeiten überhaupt noch auf der Avus zu vertreten wären (eine Ausnahme stellte die Rennleitung dar: sie ließ unbeirrt weiterfahren, statt das Rennen abzubrechen). Der »Tagesspiegel«: *»Es ist müßig darüber zu diskutieren, ob dieser Unfall zu vermeiden war. Fest steht jedenfalls, daß die Rennleitung von einer gewissen Leichtfertigkeit nicht freizusprechen ist. Der Regen hatte, mit Ausnahme der Südkurve, die Piste glatt und schlüpfrig gemacht, und besonders in der steilen Nordkurve stellten die äußeren Bedingungen höchste Anforderungen an die Fahrer.«*

Warum die Rennleitung nicht sofort alle Wagen in die Boxen beorderte, schien um so unverständlicher, da kurz vor Behra schon der holländische Graf Godin de Beaufort aus der Nordkurve geflogen war und damit für die Folgezeit Schlimmstes zu befürchten war.

Einen Tag nach dem Tod von Jean Behra startete auf der Avus das Formel I-Rennen. 100 000 Zuschauer waren gekommen, um beim Start zum XXI. Großen Preis von Deutschland dabei zu sein. Endlich gab sich die Weltelite einmal nicht am Nürburgring ein Stelldichein, sondern an der Spree.

Drohend hing am Sonntag, dem 2. August 1959, eine schwarze Regenwand über der Grunewaldbahn, doch nach einigen wenigen Tropfen trocknete die Bahn schnell ab. Porsche-Rennleiter Huschke von Hanstein zog die Rennwagen aus Zuffenhausen zurück *(»Das sind wir unserem Freund Behra schuldig«)*; statt dessen wurden als Fahrer 14 und 15 Ian Burgess auf Cooper-Maserati und der Engländer Cliff Allison (Ferrari) zugelassen.

Ausländische Automobilmarken dominierten auf der Bahn (Mercedes-Benz hatte schon 1955 das Rennsport-Engagement eingestellt), vor allem die Ferraris erwiesen sich als überlegen. Gegenüber diesen Goliaths aus Modena kapitulierten bald die englischen Cooper, welche beide mit Motorschaden ausfielen. Auch der BRM mit Joakim Bonniers am Steuer hielt nicht durch. Startnummer 11, Hans Herrmann, überschlug sich mehrmals in der siebenten Runde, flog weit aus dem Cockpit seines grüngelben BRM hinaus. Herrmann kam mit Schürfwunden und einem gebrochenen Finger davon.

Sieger des Rennens wurde Tony Brooks (England) mit einem Durchschnitt von 231,1 km/h auf Ferrari.

In den folgenden Jahren sank die Bedeutung der Avus auf Provinzniveau ab. Zahlreiche Fahrer kritisierten die Grunewaldbahn als »schlechteste Rennstrecke der Welt« (Stirling Moss, 1959 vierfacher Vizeweltmeister), und zudem erteilte die Internationale Sportbehörde sämtlichen Rennparcours mit Steilkurven keine Genehmigung mehr für internationale Meisterschaften und Pokalläufe (»Prädikatswettbewerbe«).

Placierung beim Grand Prix 1954

1. Karl Kling, (Mercedes-Benz) 2:19:59,8 Durchschnitt 213,4 km/h
2. Juan Manuel Fangio (Mercedes-Benz) 2:20:00,3 gleicher Durchschnitt
3. Hans Herrmann (Mercedes-Benz) 2:20:00,7 gleicher Durchschnitt
4. Pilette (Gordini) 2:22:36,3 3 Runden zurück
5. Swaters (Ferrari) 2:22:09,3 4 Runden zurück
6. Wacker (Gordini) 2:20:55,8 5 Runden zurück
7. Niedermayer (Klenk-Meteor) 2:19:25,6 8 Runden zurück

FOR THE NEXT
2 MILES
YOU WILL BE IN THE
SOVIET ZONE
DO NOT STOP

RÜCKSTAUS

Blättert man die damaligen Zeitungsausschnitte durch, dann fällt auf, daß es die stärksten Staus an den Kontrollpunkten zum Höhepunkt des Kalten Krieges, zwischen 1958 und 1963 gegeben hatte, also kurz vor dem Mauerbau am 13. August 1961 und der Kubakrise im Oktober 1962. West-Berlin wurde von der DDR und der UdSSR (auch heute noch) als selbständige politische Einheit gesehen, die vor allem dann unter Druck geriet, wenn es die politische Großwetterlage erforderte, oder wenn nach DDR-Ansicht zuviel Bundespräsenz in West-Berlin anwesend war. Dies bekam Berlin etwa bei Sitzungen des Bundestages und -rates, aber auch bei der Einrichtung von Bundesdienststellen zu spüren.

So gibt es in der Stadt zum Beispiel das Bundesverwaltungsgericht, das Bundesgesundheitsamt, die Biologische Bundesanstalt für Land- und Forstwesen, das Bundesaufsichtsamt für das Kreditwesen, das Bundesaufsichtsamt für das Versicherungswesen, die Bundesanstalt für Materialprüfung.

Das Muskelspiel auf Bundesseite nahm allerdings Anfang der siebziger Jahre ab, als das Umweltbundesamt (man beachte die Reihenfolge) am Grunewalder Bismarckplatz eingerichtet wurde. Das Vier-Mächte- und das Transitabkommen von 1971 hatten auf beiden Seiten gewirkt, man kam fortan friedlicher nebeneinander aus.

Bis dahin freilich hatte es immer wieder »Nadelstiche« gegeben, sei es, daß der Urlaubsverkehr ins Stocken geriet oder Lastwagen lange Schlangen bis zur Potsdamer Chaussee in Richtung Zehlendorf bilden mußten. Die Transitstrecken, so die DDR-Lesart, standen allein den Westalliierten auf dem Weg nach Berlin zu Recht zur Verfügung, der zivile West-Berliner Verkehr hingegen unterlag dem Wohlwollen des östlichen deutschen Staates.

So kam es im Frühjahr 1958 zu spürbaren Kontrollen im Lastwagenverkehr. Drei Stunden Wartezeit soll es am 19. Februar gegeben haben, weil die Angestellten des DDR-Warenkontrollamtes genau prüften. Der Helmstedter Zoll warnte die Spediteure im Berlin-Verkehr vor Überschreitung der Vorschriften. Warenbegleitscheine mußten sorgfältig ausgefüllt werden (die Zollabfertigung von verplompten Fahrzeugen wurde erst in den siebziger Jahren in großem Stil eingeführt). Vor allem warnten die Zöllner aber davor, die Wagen zu überladen, da solche Verstöße gegen die Bestimmungen mit harten Geldbußen geahndet wurden.

Im Juni jenes Jahres 1958 traf es auch die Autofahrer. Viele Berliner hatten sich den Montag nach diesem Wochenende freigenommen und den Dienstag, den Tag der deutschen Einheit (17. Juni) für einen Kurzurlaub eingebunden. Daran hatten die DDR-Grenzer verständlicherweise nicht gedacht (oder wollten es nicht); bezieht sich doch der 17. Juni-Gedenktag auf den in der Geschichtsschreibung nicht eindeutig geklärten Arbeiteraufstand 1953 in der DDR. Kurz, es war nicht genug Abfertigungspersonal am DDR-Kontrollpunkt, die Personenwagen stauten sich bis zum Kleeblatt. Ähnliches wiederholte sich zu Ferienbeginn, als Wartezeiten bis zu sieben Stunden in Dreilinden verzeichnet wurden.

Verglichen mit heute war das damalige Verkehrsaufkommen mit täglich höchstens 2500 bis 3500 Fahrzeugen geradezu lächerlich, denn 1986 gab es Spitzen-Tage mit rund 30 000 Ausreisenden in Dreilinden. Allerdings waren damals nur etwa 250 000 Autos in Berlin zugelassen, derzeit sind es knapp 700 000. Darüber hinaus waren die

Vor dem Krieg strömten die Berliner zu Hunderttausenden an die Rennstrecke. Nach dem Krieg standen sie zu Tausenden auf ihr: als Transitreisende auf Berlins wichtigster Ausfallstrecke nach Westen.

Links: Staus von gestern: Vor dem Vier-Mächte-Abkommen, das 1972 ratifiziert wurde, verursachten die peinlich genauen Kontrollen der DDR-Grenzer längere Aufenthalte. Besonders gründlich kontrollierten sie, wenn Verfassungsorgane der Bundesrepublik in West-Berlin zusammenkamen, etwa der Bundesrat oder der Bundestag.
Auch die Einfahrt auf die Transitstrecke war – typisch für Berlin – kompliziert. Man fuhr bis 1969 südlich des Kleeblattes in die DDR hinein, gelangte aber nach etwa drei Kilometern wieder auf einen Zipfel West-Berliner Territoriums: am Teltowkanal (hier im Bild) liegt der zu West-Berlin gehörende Streifen von Albrechts Teerofen. Hier befand sich die (politisch) westliche Kontrollstelle. Erst dahinter verlief die Autobahn vollends auf DDR-Territorium.

Oben: Dieses Foto aus dem Juni 1969 zeigt die Bauarbeiten am Zehlendorfer Kleeblatt, als der Kontrollpunkt Dreilinden verlegt wurde.
Rechts: Ausreiseverkehr in Dreilinden im Juni 1979.

aus dem märkischen Boden gestampften Kontrollpunkte gar nicht in der Lage, selbst so wenige Fahrzeuge zu verkraften.

Von 1960 an und vor allem in den drei Folgejahren kontrollierten die DDR-Grenzer immer schärfer. Reisende mußten ihr Gepäck öffnen, den Brieftascheninhalt ausbreiten, ja selbst schmutzige Wäsche blieb nicht unberührt. Der Benzintank wurde sondiert, Motor- und Kofferräume inspiziert, bisweilen Sitzbänke demontiert. Freilich muß man auch einräumen, daß besonders kurz nach dem Mauerbau das Geschäft bei obskuren Fluchthelferunternehmen florierte.

Versuche etwa der Treuhandstelle für den Interzonenhandel, die als Schikane empfundenen Kontrollen zu beschleunigen, wurden von der DDR zwar mit Zusicherungen beantwortet, doch galten sie nicht lange. Noch Ende März 1963 kam es zu einer Absprache, die nicht bis zum Pfingstverkehr Anfang Juni vorhielt. Da gab es für Rückkehrer Staus von 20 Kilometer Länge und Wartezeiten von vier und mehr Stunden. Zoff entstand an jenem Wochenende schon in Marienborn, bei der Einfahrt auf die Transitstrecke. Nach Augenzeugenberichten sei die Erregung unter den an der Weiterfahrt Gehinderten so groß gewesen, daß sie sich mit Johlen, Pfeifen und einem Hupkonzert Luft machten. Die DDR-Grenzer konterten mit der Drohung, es ginge erst dann weiter, wenn »Ruhe auf dem Kontrollpunkt« herrsche.

Mit der Ratifizierung der Verträge und dem Ausbau der Übergangsstellen, zwischen 1969 und 1972, verbesserte sich die Lage drastisch. Sicher, gerade in den letzten beiden Jahren (bei sinkenden Benzinpreisen) wurde es wieder eng an den Kontrollpunkten. Allerdings fahren jetzt auch knapp 16 Millionen Fahrzeuge jährlich über die vier Transitrouten von und nach Berlin. Mehr als 50 Prozent nutzen dabei die Helmstedtstrecke.

E6 Hannover Nürnberg E6
DKV
B SM 181
B EK 393
NOM C 762
B AR 4275

BÜRGERPROTESTE

Inzwischen hatten die Straßenplaner mit einer noch wesentlich größeren Investition begonnen: mit dem Stadtring. Nach der – damals noch für nicht völlig unwahrscheinlich gehaltenen – Wiedervereinigung Berlins sollte diese Stadtautobahn ein Ring- und Tangentensystem bilden, das die Innenbezirke verbindet und an die Ausfallstraßen heranführt. Diese Pläne wiederum waren aus mehreren städtebaulichen Wettbewerben hervorgegangen; die im Krieg zerbombte Stadt ließ den Städteplanern recht viel Freiheiten. Zum Teil griffen sie auch Gedanken aus der Zeit vor 1933 wieder auf, die Vorstellungen mündeten letztlich in einen Generalbebauungsplan Anfang der fünfziger Jahre und in einen Flächennutzungsplan gut zehn Jahre später ein. Einige der daraus erwachsenen Ansätze wurde teilweise umgesetzt, an einigen Stellen aber wieder abgebrochen. So sollte zum Beispiel die Lietzenburger Straße, vor allem dort, wo sie in die Martin-Luther-Straße in Schöneberg einmündet, zur »Südtangente« in ein größeres Schnellstraßensystem eingebunden werden. Dementsprechend großzügig mutet heute die Raumgestaltung an dieser Stelle an, wo auf früheren Stadtplänen noch Anliegerstraßen und Wohnbebauung zu sehen sind.

1958 war auch die Halenseestraße nur ein schmaler Pfad, auf ihrer früheren Breite zog sich nun das Band der Stadtautobahn unter dem Rathenauplatz zum Hohenzollerndamm hindurch. Ab 1962 war auch die langgestreckte Rudolf-Wissell-Brücke in Siemensstadt fertiggestellt. Am Funkturm, dort, wo die Avus zunächst in einem Kreisel in die Halenseestraße eingemündet war, wurde nun ein aufwendiges, kreuzungsfreies Verteilersystem notwendig. Es kostete rund 100 Millionen Mark.

Bis zu diesem Zeitpunkt hatten die Schnellstraßenplaner für ihre Arbeit nur Unterstützung aus Bevölkerung und Politik erfahren. In Berlin gab es rund 250 000 Kraftfahrzeuge, und die negativen Auswirkungen des Individualverkehrs hielten sich noch in Grenzen. Als aber noch ein zweiter Ring hinzukommen sollte, wurden die Bürger hellhörig und forderten mehr Mitsprache bei der Gestaltung ihrer Umwelt. Berlin war seit dem 13. August 1961 geteilt, der Gedanke an eine Wiedervereinigung war jäh zerstört worden.

Besonderes Pech hatte die Verwaltung damit, daß sie sich ausgerechnet das von selbstbewußten, wohlhabenden Bürgern bewohnte Gelände zwischen dem Bahnhof Grunewald und dem Hagenplatz ausgesucht hatte, um den zweiten Stadtring zu beginnen. Dieser Ring sollte Wittenau, Borsigwalde und Gartenfeld durchziehen, am Kraftwerk Reuter östlich vorbeigelegt werden, die Heerstraße mit entsprechenden Rampenbauwerken unterqueren und über die Teufelsseechaussee an die Avus gelangen. Vom dort geplanten Anschluß hätte die vorgesehene Straße über den Hagenplatz, das Roseneck, den Wilden Eber, den Herrmann-Ehlers-Platz, den Steglitzer Damm, Alt Mariendorf, die Britzer Straße zur Parchimer Allee geführt.[47]

In Wilmersdorfs Ortsteil Grunewald hätte der Bau aber mit Abrissen beginnen müssen. Die Douglasstraße wäre verbreitert worden, einige alte Villen und sogar drei erst 1960 bezogene Neubauten hätten der Straße weichen müssen. Als die Landvermesser in der Douglasstraße auftauchten, schlugen die betuchten Grunewalder Alarm und setzten sich erfolgreich zur Wehr. Die erste Berliner Bürgerinitiative gegen den Straßenbau forderte statt dessen den Aus-

Ausgerechnet aus den vornehmen Bewohnern des Grunewalds rekrutierte sich die erste Bürgerinitiative gegen die städtische Schnellstraßenplanung. Seit Ende der sechziger Jahre wehrten sich die Anwohner der Eichkampsiedlung dann gegen die Lärmbelästigung durch Auto- und Motorradrennen. Als Konsequenz wurde die Zahl der jährlichen AVUS-Rennen eingeschränkt.

Eine Trasse entsteht. Um die Stadtautobahn (hier: Stadtring West, kurz südlich des Rathenauplatzes) bauen zu können, wurden von 1956 an Häuser abgerissen.

Zu viel Tempo? Auf der Avus gibt es zwar bis heute keine Geschwindigkeitsbegrenzungen, Messungen wurden aber über die Jahre hinweg immer wieder vorgenommen. Heute liegt der Geschwindigkeitsdurchschnitt knapp über 112 km/h. Rechts: Nur eine Sichtblende. Ende der sechziger Jahre nahm der Lärmstreß in der Kolonie Eichkamp (nicht nur bei Rennen) erheblich zu. Die Eigentümer bekamen seit 1982 Zuschüsse für Lärmschutzfenster. Ende 1987 soll ein richtiger Schallschutz an der Straße installiert werden.

DIE ERSTE BÜRGER-INITIATIVE

Es gab nicht nur Gefährliches auf der Avus, sondern auch Amüsantes. Über »Lenz auf Mercedes« mußte auch Günter Matthes im »Tagespiegel« schmunzeln.

Am Rande vermerkt

LENZ AUF MERCEDES hat am Sonntag kurze Zeit unfreiwillig am Avusrennen teilgenommen, leider in der falschen Richtung, nach Charlottenburg zu. Wenn gerade einer der Flitzer aus der Nordkurve gekommen wäre und ... Na, es ist noch einmal gut gegangen. Nun wollen Sie natürlich wissen, wer Lenz ist. Es handelt sich um den Bundesschatzminister, dessen Name sich über die Avus stärker einprägen wird. Ein oder zwei wirkliche Rennfahrer mußten bremsen. Auf der Tribüne wurde gepfiffen, und der Polizeipräsident hat eine Untersuchung eingeleitet, um die peinliche Polizei-Panne zu klären.

An sich hätte das nämlich nicht passieren dürfen und können. In den Zeitungen stand die polizeiliche Mitteilung, daß die Avus den ganzen Sonntag bis 18 Uhr wegen eines Rennens des AvD gesperrt sei. An allen Zufahrten wachten Bereitschaftspolizisten mit Barrieren. So wurden auch die beiden Mercedeswagen, einer mit Ministerstander, an der Nikolassee-Zufahrt zunächst aufgehalten. Eine Weiße Maus war nicht bei der Eskorte, die von der Kriminalpolizei im ersten Wagen gestellt

bau der gefährlichen Ausfahrt am Hüttenweg, den die Verwaltung unter Hinweis auf den bevorstehenden Ring-Bau immer wieder verschoben hatte.

Erst 1965 wurde die Ausfahrt Hüttenweg schließlich mit richtigen, langgezogenen Anschlußrampen beiderseits des Hüttenweges versehen.

Das Nachdenken über die Folgen des ungehemmten Wachstums für die Umwelt bezog seit Beginn der siebziger Jahre auch die Avus ein. Als bei der Verbreiterung der Strecke – dies war wegen des nun verstärkten Verkehrs notwendig geworden – 175 Bäume gefällt wurden, fragten nicht nur Anwohner, ob dies gerechtfertigt gewesen sei. Die Straßenbauer konterten mit einem Argument, das wohl der Wirklichkeit entsprach, von vielen Bürgern aber als Zynismus empfunden wurde: die Bäume seien bereits so stark von Tausalzen geschädigt gewesen, daß sie kaum noch eine Überlebenschance gehabt hätten, hieß es.

Dem Straßenbau wurde in diesen Jahren immer engere Fesseln angelegt. So protestierte auch der Bezirk Charlottenburg, als der Plan einer Avus-Ausfahrt in Höhe der Waldschulallee bekannt wurde. Die Senatsverwaltung hatte die Ausfahrt als eine Art Ventil vorgesehen, falls die Knotenpunkte am Messedamm infolge einer Veranstaltung in der Deutschlandhalle überlastet wären. Dann hätten die Autos direkt zu den Parkplätzen an der Jafféstraße gelangen können. Das Bezirksamt wandte dagegen ein, daß man schon seit geraumer Zeit darum bemüht sei, den Lärmschutz für die Bewohner der Eichkampsiedlung zu erhöhen. Eine Ausfahrt würde diese Bemühungen konterkarieren, wurde betont. Bezirk und Anwohner setzten sich auch gegen diese Pläne erfolgreich zur Wehr. Als sich schließlich auch das Bonner Verkehrsministerium gegen diese Ausfahrt aussprach – ihm war der Abstand zu den anderen Anschlußstellen zu gering, und Ausfahrten, die je nach Bedarf geöffnet oder geschlossen werden können, hielt man für nicht notwendig –, war das Vorhaben endgültig vom Tisch.

Noch in den ersten Jahren nach dem Krieg hatten die Bewohner der 1922 gebauten Eichkampsiedlung die Rennen von ihrem Logenplatz aus interessiert betrachtet. Doch mit der steigenden Zahl der vorbeibrausenden Fahrzeuge war der Lärm immer unerträglicher geworden. Von den motorsportlichen Veranstaltungen einmal abgesehen, mußten sie nicht nur den Avus-Verkehr – darunter viele Lastwagen – verkraften, sondern auch den Geräuschpegel des Schleichverkehrs von Grunewald nach Westend, der sich durch die Eichkampstraße bahnte. Diese wurde letztlich mit Fahrbahnverengungen versehen, nachdem

Überlegungen, den Auerbacher Tunnel unter der Bahn zu sperren, von den Bezirksämtern Wilmersdorf und Charlottenburg verworfen worden waren. Offen bleibt, ob die Anwohner am Ende doch mit einer neuen Avus-Ausfahrt besser gefahren, oder ob (was zu vermuten ist) dadurch noch mehr Kraftfahrzeuge angelockt worden wären.

Als die Beschwerden in Eichkamp über den Lärm bei Rennveranstaltungen zunahmen, mußte die Verwaltung bei solchen Wettbewerben Geräuschmessungen anstellen. Dabei wurde festgestellt, daß gesundheitsgefährliche Pegel erreicht werden. Die Eichkamper bemühten die Gerichte und erzielten erhebliche Verbesserungen ihrer Situation.

Schon während des Rennens am 30. August 1970 waren Schallpegel ermittelt worden, die knapp unter der Schmerzschwelle und der Gefährdungsgrenze des Gehörs lagen: 108 Dezibel. Die Messungen fanden in den Wohnungen bei geöffneten Fenstern statt. 1971 ließ die Umweltverwaltung ein Gutachten anfertigen, in dem die Gesundheitsgefährdung ausdrücklich festgestellt wurde. Auch bei geschlossenen Fenstern sei der Lärm noch so groß gewesen, daß man sich auch schreiend nicht habe verständigen können. Die Anwohner erstatteten Strafanzeige wegen Körperverletzung gegen die Veranstalter.

Doch der Lärm blieb weiterhin stark. 1973 wurden Maximalpegel von 112 Dezibel in 40 Meter und 87 Dezibel in 100 Meter Entfernung zur Strecke ermittelt. Mit einer einstweiligen Anordnung des Verwaltungsgerichtes erreichten die Bürger die Herabsetzung des Dauer-Schallpegels auf 90 Dezibel, was immerhin noch etwa dem Lärm eines startenden Düsenjets entspricht.

Der Senat geriet in Konflikte, denn die Rennen wollte er wegen der Attraktion für die Stadt nicht völlig absagen. Mit diesem Argument wurde er ja auch von den Veranstaltern, allen voran dem ADAC, bekniet. Clubvertreter äußerten, daß *»Dauerlärm nicht schädlich für die Gesundheit«* sei, und bezeichneten den Umweltschutz als *»Modekrankheit«*.[48] Als man dieses Argument freilich vor dem Verwaltungsgericht äußerte, zitierte der Vorsitzende Richter, *»lächelnd«*, wie berichtet wird, einen Text aus einem Heft der ADAC-Motorwelt. Darin war ausgeführt worden, daß sich Dauerlärm innerhalb eines Kraftfahrzeuges außerordentlich schädlich auswirken könne.[49] Immerhin verringerte der Senat gemeinsam mit den Verbänden die Zahl der jährlichen Rennen von sechs auf drei.

Die damalige Regierung Berlins hatte aber anscheinend nicht vor, mit den Eichkampern fair umzugehen. So wurde erst bei der Verhandlung vor dem Verwaltungsge-

wurde. Selbst wenn die Beamten nichts von dem Rennen wußten, hätte ihnen eigentlich angesichts des uniformierten Kollegen an der Sperre etwas dämmern müssen. Der sportliche Ehrgeiz indessen, den Minister noch rechtzeitig um 15 Uhr zur Bundesfilmpreisverleihung in die Oper zu bringen, vernebelte den kriminalistischen Spürsinn. Die Beamten erzwangen mit Polizeikelle und Scheinwerferblinken die Durchfahrt. Dem biederen Bepo war aufgetragen, er dürfe nur Fahrzeuge der Polizei, der Feuerwehr und Krankenwagen *im Einsatz* passieren lassen. Beim Anblick der Polizeikelle aber konnte er wohl nicht annehmen, die Herren beabsichtigten, einen Minister und die Rennfahrer zu gefährden.

Vielleicht hätte der Bonner Prominente gebremst, wenn ihm bekannt gewesen wäre, was von allen Beteiligten, wie wir freundlicherweise unterstellen, nur der Bereitschaftspolizist wußte. Es wäre also verfehlt, hier Parallelen zum Fall Halbohm zu konstruieren. Immerhin fällt einem jener standhafte Bonner »Zinnsoldat« ein, an dem Bundesminister Strauß in Bonn mehr Forsche als Bürgerdisziplin bewies. Und wie steht's mit unserer Berliner Polizei? Ist sie etwa aus einem gewissen Untertanengeist heraus geneigt, hochgestellte Persönlichkeiten mit verkehrsgefährdendem Schwung zu ihren Cocktailparties oder auch wichtigen Besuchen zu befördern, und den § 48 der Straßenverkehrsordnung, in dem die Extrawürschte geregelt sind, zu strapazieren?

Das Kommando der Schutzpolizei hat schon vor vier Jahren eine strenge schriftliche Anweisung erlassen, die vor gut vierzehn Tagen nachdrücklich erneuert wurde. Danach haben alle Begleitpolizisten eine Fahrweise zu vermeiden, durch die der Anschein erweckt werden könnte, das schnell Durchschleusen von Großkopferten sei ihnen wichtiger als die Einhaltung der Verkehrsbestimmungen. Gerade weil es ein »Eskorten-Unwesen« gebe, gerade weil der einfache Polizist aus naheliegenden menschlichen Gründen den Ehrgeiz entwickele, einen eiligen Prominenten nicht warten zu lassen, seien diese Bestimmungen ergangen.

Zwar hat es sich hier wohl um ein Versehen gehandelt, aber der Fall ist dem Kommando ein guter Anlaß, schlechte Bräuche noch energischer zu unterbinden. Wörtlich wurde uns gesagt: »Bei uns wird ein Polizist, der die etwaige Aufforderung eines Ministers zu verkehrswidriger Eile nicht befolgt, eher geadelt als bestraft.«

–thes

Oben: Abriß eines Wahrzeichens. Die unter Rennfahrern berüchtigte Nord(steil)kurve wird entfernt. Ein Brückenbauwerk für den Avus-Verteiler entsteht (unten links im Bild). Das Foto wurde im September 1967 gemacht.
Rechts: Der Schnellstraßen-Dschungel gewinnt Terrain. Im April 1963 ist die Halenseestraßenbrücke schon abgerissen, Trassen des Verteilers wachsen unter dem Funkturm.

richt im Oktober 1974 bekannt, daß der 90 Dezibel-Grenzwert beim 1973er Septemberrennen durchaus überschritten worden war, ohne daß den Veranstaltern Bußgelder auferlegt wurden. Die Meßergebnisse, so hieß später, seien erst nach Eintritt der Verjährungsfrist bekannt geworden.

REGRESS-FORDERUNGEN

Zumindest die Senatsverwaltung für Verkehr hatte im Gegensatz zur Gesundheitsverwaltung überhaupt kein Interesse an der Verfolgung der Lärmsünder, auch wenn die Grenzwertüberschreitung noch höher ausgefallen wäre. Dies ging aus einem Schreiben der Verkehrsverwaltung hervor, das der Anwalt der Eichkamper dem Verwaltungsgericht präsentierte. Darin hatte ein Mitarbeiter der Verwaltung auf Regreßforderungen wegen des drohenden Ausfalls des Rennens verwiesen. Danach hätten die Veranstalter des Rennens 500 000 Mark bis eine Million Mark fordern können. Diese Beträge stünden in keinem Verhältnis zu den Schadenersatzforderungen der Eichkamp-Kläger, wurde in dem Schreiben betont.[49]

Das Verwaltungsgericht kam zu einem für die Anwohner recht positiven Spruch: der Senat dürfe keine Ausnahmegenehmigungen nach der Lärmschutzverordnung (vom 1. August 1974) für Avusrennen mehr geben, wenn nicht von vornherein gewährleistet bleibe, daß der Lärmpegel einen Dauerschall von 75 Dezibel nicht überschreite. Schon der gewöhnliche Verkehr auf der Avus verursachte einen Pegel von 70 Dezibel.

Der Senat legte gegen die Entscheidung des Verwaltungsgerichtes Berufung ein. Sie wurde damit begründet, daß zur Berliner Lebensqualität ein entsprechendes Freizeitprogramm gehöre und daß die Stadt im internationalen Sportgeschehen wettbewerbsfähig bleiben müsse. In der Berufungsklage vor dem Oberverwaltungsgericht mußte der Senat allerdings eine Rüge einstecken und sich sagen lassen, er sei lax gegen die Lärmsünder vorgegangen. Er habe den Ermessungsspielraum der Behörde einseitig für die Sportverbände ausgenutzt, um den Weg des geringsten Widerstandes zu gehen, befand das Gericht. Es ließ zwar die 75 Dezibel-Mauer fallen, wies den Senat ansonsten aber ab.[50]

Rennen dürfen nicht gefahren werden, wenn keine Schutzmaßnahmen getroffen seien, die über die bisherigen hinausgehen, lautete der Urteilstenor. Als mögliche Maßnahmen führte das Gericht zum Beispiel eine Rennsperre zwischen Mai und September, Schallschutzfenster für die Häuser, Rennsperre für Motorräder unter 250 Kubikzentimeter Hubraum und die Beschränkung auf zwei Rennen im Jahr an. Mangels grundsätzlicher Bedeutung des Falles ließ das Oberverwaltungsgericht eine Revision nicht zu. Deshalb mußte der Senat, der sich auch mit diesem Spruch nicht zufriedengeben wollte, vor dem Bundesverwaltungsgericht eine Beschwerde einlegen. Sie wurde vom Bundesverwaltungsgericht im März 1977 verworfen.

Die Anwohner hatten, zumindest was den Rennlärm betraf, gewonnen und zeigten sich nun gesprächsbereit. Nach etlichen Verhandlungsrunden kam es schließlich zu einer Einigung mit dem Senat und den Verbänden. Seitdem finden nur zwei Rennen jährlich, in der kühleren Jahreszeit, von Mitte September bis Ende April, statt. Die Fahrzeuge müssen mit Schalldämpfern ausgestattet sein, eine zweistündige Mittagspause wurde ebenfalls ausgemacht.

ERCEDES-BENZ
IM AUTO
B WU 463
B XS 61
53

DEM WALD ZULIEBE?

Wieder einmal, diesmal Ende der siebziger Jahre, war die Avus für den internationalen Rennsport uninteressant geworden. Jetzt lag es freilich an den mangelhaften Sicherheitsvorkehrungen an der Strecke. Denn im Mai 1978 hatte ein Wagen die 300-km/h-Marke auf der Geraden durchbrochen. Nun forderte die Oberste Nationale Sportkommission zusätzliche Schutzplanken und Sicherheitsfangzäune. Darüber hinaus war eine nochmalige Verkürzung der Strecke auf 3,5 Kilometer im Gespräch. Nach langem Hin und Her erfüllte der Senat die Forderungen der Motorsportler. Allerdings war wieder das Geld knapp. Man versuchte, in Bonn 1,2 Millionen Mark locker zu machen, scheiterte aber Ende 1980. Der Bundesverkehrsminister erklärte, daß »die Durchführung von Rennen nicht zu den im Bundesfernstraßengesetz definierten Aufgaben einer Autobahn gehört«.[51] Auch der Berliner Haushalt konnte den gesamten Betrag von rund zwei Millionen Mark nicht aufbringen. So wandte man sich an die Klassenlotterie Berlin, die einen großen Teil ihrer Einnahmen für gemeinnützige Zwecke zur Verfügung stellen muß. Dem Stiftungsrat, der über die Geldvergabe beschließt, gehören die Senatoren an. Die für die Avus benötigten Mittel wurden im März 1982 bewilligt und die Avus sicherer gemacht.

Mit dem Sieg über den Rennlärm hatten die Bewohner Eichkamps aber nur eine Geräuschquelle eingedämmt, der herkömmliche Verkehr brandete weiterhin recht laut. Bereits als die Erweiterung 1973 abgeschlossen und die wegen der Baustelle angeordnete Geschwindigkeitsbegrenzung auf 80 km/h wieder aufgehoben wurde, kam es zu Protesten. Denn jetzt lag vor den Häusern eine Beschleunigungsstrecke, die von den Autofahrern auch eifrig angenommen wurde. Vom Verteiler am Funkturm kommend und von seinen engen Kurven zum langsamen Fahren gezwungen, düste man vor der Eichkampsiedlung, das Gaspedal meist voll tretend, in Richtung Wannsee. Ein von der Bauverwaltung errichteter Holzzaun konnte den starken Beschleunigungslärm auch kaum dämpfen, er war ohnehin nur als optischer Ersatz für die bei der Verbreiterung verlorengegangenen Bäume gedacht. Zu einer Geschwindigkeitsbegrenzung auch ohne Baustelle wollte sich die Verwaltung damals nicht durchringen. Denn eine gesetzliche Grundlage gab es für solche Maßnahmen damals nur, wenn es um die Erhöhung der Verkehrssicherheit ging. Lärmschutz war noch kein in den Verordnungen verankertes Argument.

Jahre vergingen. Erst im März 1982 wurde eine unverbindliche Richtgeschwindigkeit von 70 bis 90 km/h im Bereich der Eichkamp-Siedlung eingeführt. Die Autofahrer befolgten sie kaum, so daß im September 1984 schließlich eine verbindliche Begrenzung auf 80 km/h folgte. Seit 1982 haben die Anwohner aber wenigstens einen Anspruch darauf, drei Viertel der Kosten für lärmdämmende Fenster von der Bundesstraßenverwaltung erstattet zu bekommen. Zum Jahreswechsel 1987/1988 soll vor ihrer Siedlung eine echte Lärmschutzwand errichtet werden.

Die Diskussion um eine Geschwindigkeitsbegrenzung auf der gesamten Avus begann 1984. Sie stand im Zusammenhang mit den bundesweiten Auseinandersetzungen um ein Tempolimit auf den Autobahnen, von dem eine sofortige und spürbare Verringerung der Schadstoffe erwartet wurde. Insbesondere die Stickoxide, die bei der Verbrennung im Motor entstehenden Verbindungen von Luftsauerstoff mit Luftstickstoff, machten über vielfältige chemische Reaktionen den Pflanzen zu schaffen.

Heute ist die AVUS Berlins einzige Straße, für die keine Geschwindigkeitsbegrenzung gilt. Auf knapp 10 Kilometern spielen Porsche- und Opel-Manta-Fahrer »freie Fahrt für die freien Bürger des freien Berlin«. An der Strecke stirbt der Wald und schwingt der Lärmpegel in hohen Regionen. Immer wieder fordern Bürger eine Geschwindigkeitsbegrenzung für die AVUS. Ein Ende der AVUS-Raserei ist in Sicht.

Links: Basteln am Käfer-Verschnitt. Bis zu 70 % eines solchen Formel V-Rennwagens mußten aus Original VW-Käfer-Teilen bestehen. Diese Aufnahme aus dem Jahre 1971 dokumentiert auch, daß große Rennen der Formel I-Klasse der Vergangenheit angehörten …

Coca-Cola
VARTA
BATTERIEN
Continental Reifen
Continental Reifen
Continental Reifen
Continental Reifen
81
82
91

In Berlin setzte sich die SPD- und AL-Opposition für Tempo 100 auf der Avus ein. Zunächst zog auch noch die FDP, seit 1983 mit der CDU in der Regierung, mit. Es dauerte aber nicht lange, da mußte sich der FDP-Umweltsenator seinen konservativen Parteifreunden beugen und im Sinne der CDU-Mehrheit auf ein verbindliches Tempolimit verzichten. Blaue, folgenlose Schilder mit der Richtgeschwindigkeit wurden im Herbst 1984 installiert. Damals hieß es, daß eine verbindliche Regelung erst dann folge, wenn die Appelle an die Autofahrer »dem Wald zuliebe« nicht schneller als 100 km/h zu fahren, nichts fruchteten. Messungen haben nach amtlichen Angaben erbracht, daß die tatsächliche Durchschnittsgeschwindigkeit auf der Avus ohnehin bei 112 km/h liege. »Ausreißer« werden bei diesen Angaben allerdings durch Langsamfahrer im Ergebnis nivelliert.

Inzwischen hat sich zumindest die Argumentation um die bundesweite Tempo-100-Regelung um eine interessante Variante erweitert. Nach Ansicht der Bundesregierung habe der Versuch gezeigt, daß eine Geschwindigkeitsreglementierung vor allem deshalb nichts bringe, weil sie von den Autofahrern nicht befolgt würde. Mit Steuervergünstigungen wurde nun vor allem der Absatz an Fahrzeugen, die mit Katalysator ausgestattet sind, gefördert.

Dies hat wiederum die Veranstalter von Rennen dazu angeregt, Autos mit Abgasentgiftungen in das Klassement einzuführen.

Linke Seite: Seit Kriegsende wird kurz vor der Ausfahrt Hüttenweg gewendet. Beim Rennen 1956 kam es zu kleineren Berührungen (oben). Unten: Ausfahrt ins »Grüne«. Das Kleeblatt bei Dreilinden war in den fünfziger Jahren Motorradler-Treff. Heute fahren die Zweirad-Fans an die sogenannte Spinnerbrücke an der Ausfahrt Nikolassee. Die Kennzeichen der Fahrzeuge begannen damals übrigens nocht mit »KB«, das stand für Kommandantur Berlin. Erst Mitte der fünfziger Jahre wurde das jetzige »B« eingeführt.
Oben: Im Alltag jubelt niemand. 1984 waren die entsprechenden Gesetze vorhanden, um für den Eichkamp-Bereich aus Lärmschutzgründen 80 km/h Höchstgeschwindigkeit vorzuschreiben. Es soll Autofahrer geben, die sich daran halten.

»TEMPO 100, DEM WALD ZULIEBE«

100
R-AX 350

PROVINZRENNSTRECKE

Stein für Stein trugen Bagger und Planierraupen die Kurve im September 1967 ab – 30 Jahre Baugeschichte gingen damit zu Ende. »Sie mußte weichen, weil die Technik sie entbehren konnte«, schrieb mit sanfter Wehmut die Tageszeitung »Der Tagesspiegel«, als das Wahrzeichen des Berliner Motorsports fiel. Und Hanns Strassl, eifriger Mitarbeiter des »Deutschen Museums« in München, orderte geschwind noch eine Fuhre mit Nordkurve-Klinkern an die Isar, um später einmal die Rennboliden seiner Abteilung Landverkehr auf historischem Pflaster plazieren zu können.

Den letzten Avus-Durchlauf mit Nordkurve gab es am 10. September 1967. Geladen waren alte, bekannte Rennfahrer wie Hermann Lang, Emil Noll, Hans Stuck und Hans Klenk. Als Ehrengäste durchfuhren sie noch einmal am Steuer eines W 196-»Silberpfeils« (Lang) oder eines BMW 328 (Stuck) die Steilwand, begleitet von herzlichem Applaus der 15 000 Zuschauer. Eine englische Militärkapelle (Royal Inniskilling Fusiliers) und das Musikkorps der Berliner Schutzpolizei gaben den musikalischen Takt bei diesem Abschiedsturn, der beileibe nicht mehr so rechte Stimmung wie zu Caracciolas Zeiten aufkommen ließ. Sobald der Motorenlärm verklungen war und die Musiker ihre Instrumente verstaut hatten, war das Terrain für die Spitzhacke freigegeben.

Der Fall der Nordkurve bedeutete zwar nicht das Ende für die Rennen mit Motorrädern, Tourenwagen, Prototypen und Formel-V-Flitzern, aber eine Ära ging zu Ende. Was an Rennen seitdem folgte, war und ist kaum noch der Rede wert. Heute ist die Avus ein Transitzubringer ohne Rennfluidum; auf der einst »schnellsten Rennstrecke Deutschlands« gilt stellenweise Tempolimit 80 km/h.

Bei den Rennen nach 1967 gab es nichts Großartiges mehr zu vermelden. Während in der Vorkriegszeit Asse wie Rudolf Caracciola, Hans Stuck, Tazio Nuvolari, Hermann Lang, Bernd Rosemeyer, Manfred von Brauchitsch, Louis Chiron, Luigi Fagioli an den Start gingen und Zuschauerzahlen von 300 000–350 000 keine Seltenheit waren, trat Anfang der siebziger Jahre vornehmlich lokale Fahrer»prominenz« auf das Gaspedal. Die Ränge blieben leer. Selbst 1971, als die Avus ihren 50jährigen Geburtstag feierte, gab es nur einen schnell verhallenden Jubiläumsdonner. Die neue Flachkurve mit vierzigprozentigem Gefälle erwies sich nicht als Alternative zu der geliebten wie gefürchteten Nordkurve.

Immer wieder tauchte in der Öffentlichkeit die Frage auf, ob die Avus überhaupt noch als Rennstrecke taugte. Es wurden Forderungen laut, eine neue Rennstrecke am Moabiter Fruchthof, auf den Gatower Rieselfeldern oder gar auf dem Flughafen Gatow zu errichten. Doch derlei Pläne konnten nicht realisiert werden, fehlte es doch an Geld und auch an Resonanz in der Bevölkerung. Immer mehr Bürger hielten den Rennsport für eine »sanktionierte Unvernunft« und protestierten gegen die Lärmbelästigung pausenlos aufheulender Motoren. Auch waren viele Autofahrer nicht länger bereit, die endlosen Staus zu akzeptieren, die durch die Absperrung der Avus an Renntagen auf den Ausweichstraßen entstanden, nur damit sich einige Motorbegeisterte und ADAC-Funktionäre austoben konnten. Vergessen wollte man auch nicht die zahlreichen Opfer, welche bislang schon die Avus gefordert hatte. »Sollen noch weitere Menschen für diesen Geschwindigkeitsschwachsinn ihr Leben lassen?« tauchten mehr denn je kritische Stimmen auf. Zur Erinnerung: 1932 sagt der

1967 waren die letzten Tage der Avus-Nordkurve gezählt. Sie, einst das Kernstück der Renn- und Versuchsstrecke durch den Grunewald, sollte sang- und klanglos dem Erdboden gleichgemacht werden. Die Senatsbauverwaltung begrüßte die Abrißpläne für die 8 Meter hohe Steilwand – sie hatte längst ausgedient und besaß zudem als »Mordkurve« ein schlechtes Image.

Linke Seite, Fendt, der Konstrukteur des Messerschmitt-Kabinenrollers, nahm im Jahre 1962 auf seinem vierrädrigen FMR tg 500 (genannt »Tiger«) an einem Avusrennen teil. Es wird behauptet, das wunderliche Vehikel hätte in der Nordkurve eine Spitzengeschwindigkeit von 150 km/h erreicht.

Blick vom Funkturm auf die neue, nicht mehr steile Nordkurve der Avus.

Hellseher Hanussen in einem verschlossenen Briefumschlag den Todessturz des böhmischen Fürsten Georg Lobkowicz am Vorabend in der »Roxy Bar« im Kreise der Rennfahrer voraus, von denen Manfred von Brauchitsch auf der vorher verlachten »Mercedes-Zigarre« sensationell siegte. Im Jahr darauf starb der Altmeister Otto Merz bei einem Trainingssturz. Als 1936 die Avus ihr unverwechselbares Markenzeichen, eben die »Mordkurve« bekam, folgten weitere schwere Unfälle bei Fuß. Wie ein Wall des Todes tat sich die auf 45 Grad überhöhte Steilwand vor den heranbrausenden Fahrzeugen auf. Auf dieser »Rutschbahn in den Himmel« zerschellte am 1. August 1959 an einem Fahnenmast der bei regennasser Piste ins Schleudern geratene Wagen des französischen Rennpiloten Jean Behra. Das Rennen ging weiter – und auch der Sensenmann schlug weiterhin zu: Horst Wolff, Albert Achinger und Klaus Fischer ließen ihr Leben auf der Avus. Nicht erwähnt sind an dieser Stelle das Dutzend Streckenposten und Zuschauer, die von außer Kontrolle geratenen Rennwagen zerfetzt und zerschmettert wurden.

Ab 1973 stand immer ein rollender OP-Saal am Pistenrand der Avus. Im Mai 1974 veranstaltete der AvD sein Rennen »Der Goldene Bär von Berlin«. Obwohl als internationale Veranstaltung des Motorsports gedacht, starteten nur noch die Österreicher und ein Belgier unter fremder Flagge. Von 180 Startern im Feld der Serien- und Spezialtourenwagen kamen 123 aus Berlin, der Rest aus dem Bundesgebiet. Während sich immer weniger Besucher beim Avus-Rennen einfanden, stopften sich immer mehr Berliner Watte in die Gehörgänge. Die Motorsportverbände ließ dieser Zustand kalt. Der stellvertretende Vorsitzende und Rechtsberater des ADAC, Wegener, sprach lakonisch von der »Modekrankheit Umweltschutz«, wenn die Rede auf zu hohe Phonzahlen und giftige Abgase bei Avusrennen kam, und Berliner Motorsportanhänger organisierten die Aktion »Die Avus darf nicht sterben«. Trotzdem kam es am 2. Oktober 1974 zu einem Urteil, welches Motorsportveranstaltungen aus Lärmgründen ablehnte. Ein jahrelanger Rechtsstreit setzte ein, bei dem die Motorsportler schließlich noch mit einem blauen Auge davonkamen. Weitere Avus-Rennen finden seitdem mit gedämpfteren Klängen statt. Die Streckenführung ist monoton: vier Kilometer geradeaus, Kurve; vier Kilometer geradeaus zurück, Kurve.

Die Weltgeltung, welche die Avus einst besaß, hat sie längst verloren, auch wenn sich immer wieder arbeitslose Formel-I-Fahrer an der Spree ans Steuer eines 500-PS-Wagens der Procar-Serie setzen oder Zweiradweltmeister wie Toni Mang an den Start gehen...

Brauchen wir die Avus heute überhaupt noch als Rennstrecke? Der »Tagesspiegel« urteilte schon 1982: »Autorennen inmitten einer Großstadt (...) sind heute ein barbarischer Anachronismus. Das gilt selbst für das am Meer gelegene (...) Vergnügungsfürstentum Monaco. Und Berlin liegt nicht an der Riviera. Die Avus ist heute nicht mehr Autoversuchsstrecke, sondern der Trichter für den Transitverkehr. Darauf hat nichts stattzufinden als Verkehr.«

Dem ist nichts zuzusetzen.

QUELLEN UND ANMERKUNGEN

1) Angaben des Statistischen Bundesamtes nach einer Übersicht anläßlich des 80. Jahrestages der Einführung einer Unfallstatistik. Wiesbaden, 1. 4. 1986
2) Straßenverkehrsgesetz (StVG) II, § 7, Haftung des Fahrzeughalters
3) Siehe Rupert Stuhlemmer: »85 Jahre Berliner Automobilausstellungen 1897–1982«, London o. J., p. 17 ff.
4) Die erste Verkehrszählung in Berlin fand am 23. 7. 1867 an der Potsdamer Straße in Tiergarten zwischen Linkstraße und Eichhornstraße statt. Zwischen 7 und 20 Uhr zählten die Beamten 2940 Fuhrwerke und Kutschen sowie 14 000 Fußgänger. Siehe dazu: Herbert Liman: »110 Jahre Verkehrszählungen in Berlin« in: Berliner Bauwirtschaft, Berlin, Heft 11, 1977
5) Hellmuth Reiners: »Das Schicksal der Avus, Entstehungs- und Baugeschichte« in: Die Straße, Berlin, Heft 4, 1939, p. 119. (Die Straße ist jahrgangsweise paginiert, deshalb werden im folgenden die Heftzahlen vernachlässigt.)
Andreas Hoffmann: »Die Automobilverkehrs- und Übungsstraße (Avus) in: »Charlottenburg, Teil 2 Der neue Westen«, Publikation der Historischen Kommission zu Berlin, Berlin 1985, p. 133
Harri Gräser: »Der Kreis Teltow gab der Avus Starthilfe« in: Der Tagesspiegel, 19. 7. 1959
Zur Auseinandersetzung um die Zersiedelung des Grunewaldes siehe: Die Mark, Illustrierte Wochenschrift für Touristik und Heimatkunde, Berlin, Nr. 26 1908/1909, p. 199 ff.
6) Zitiert nach Reiners, a.a.O., p. 119
7) »Herausgabe der Avus verweigert« in: Der Tagesspiegel, 20. 7. 1966
8) Gutachten der Studiengesellschaft für Automobilstraßenbau (Stufa), in: Der Straßenbau, Halle/Saale, Heft 8, 1926, p. 385 ff.
9) Bredtschneider: »Die Grunewald-Automobilstraße bei Berlin« in: Verkehrstechnik, Berlin, 10. 2. 1922, p. 1
»Die Avus wird zur Falle«, Der Tagesspiegel, 23. 10. 1965
»Die Avus ist verwunden und hat ein verschobenes Dachprofil« in: Der Tagesspiegel, 29. 10. 1965
10) Zitiert aus: Die Straße, 1932, p. 11 sowie ebd., Heft 7/1932, p. 75
11) Die Straße, 4/1932, p. 36
12) Die Straße, 1932, p. 77
13) Die Straße, 1932, p. 236
14) Reiners: »Die Avus als Erfahrungsquelle für den Autobahnbau« in: Autobahn, Berlin, Heft 8/1935, p. 62 ff.
15) Die Straße, 1937, p. 324 f.
16) Reiners: »Avus als Erfahrungsquelle«, a.a.O.
17) Lengerke: »Die Avus als Schnellverkehrsstraße« in: Die Straße, 1927, p. 175 ff.
18) Siehe auch: Adamek: »Die Finanzierung des Baues der Reichsautobahnen« in: Hafraba, Festschrift zur Fertigstellung, Wiesbaden/Berlin 1962, p. 203
19) Siehe auch: »Denkschrift der Ha Fra Ba an den Reichsverkehrsminister« vom 17. 3. 1928 in: »Hafraba-Festschrift«, a.a.O.
20) Zur Schnellstraßendiskussion allgemein siehe: Die Straße, 1926, p. 146 sowie 208
Stimmen gegen den Bau von Automobil-Sonderstraßen siehe: Die Straße, 1926, p. 379
Konkrete Pläne: Die Straße, 1926, p. 397 sowie von der Leipziger Fernstraßentagung 1927: Die Straße, 1927 p. 54
21) Alfons Schmidt: »Das landespolizeiliche Begutachtungsverfahren beim Bau von Reichsautobahnen« in: Die Straße, 1934, p. 238
22) Zur Stundung der Entgelte siehe: Karl Lärmer: »Autobahnbau in Deutschland 1933 bis 1945, zu den Hintergründen« in: Forschungen zur Wirtschaftsgeschichte, Berlin (DDR), 1975, p. 44
Zu Räumungen siehe: Heinz Vollradt: »Der Grunderwerb für die Reichsautobahn im Ruhrgebiet« in: Die Straße, 1935, p. 878 f.
23) Amtliche Angaben jeweils nach: »Die Wirtschaftszahlen der Straße«, ein festes Rubrum dieser Zeitschrift
Zur Materialknappheit siehe: Lärmer, a.a.O., p. 87
24) Lärmer, a.a.O., p. 149 ff.
25) Schreiben vom 11. 11. 1935 in: Die Straße, 1935, p. 834
26) Lärmer, a.a.O., p. 83
27) Lärmer, a.a.O., p. 66
28) Die Straße, 1934, p. 256
und: Rundschreiben Nr. 142 des Generalinspektors für das deutsche Straßenwesen in: Die Straße, 1935, p. 161
29) Die Straße, 1937, p. 643
30) Die Straße; 1935, p. 835
31) Zahlen nach: Lärmer, a.a.O., p. 69 ff.
32) Die Straße, 1929, p. 112
33) Hoffmann, a.a.O., p. 143
34) Siehe hierzu auch: Alfred Neubauer (Rennleiter bei Mercedes): »Ist die Avus heute noch für Automobilrennen geeignet?« Aus dem Schriftwechsel vom 26. 2. 1960, Archiv von Mercedes Benz, Stuttgart/Untertürkheim
35) Zum Beispiel Professor v. Eberan: »Kurvenüberhöhung und Fahrsicherheit, die Avus-Nordschleife« Gutachten vom 30. 9. 1959. Mercedes-Benz-Archiv. v. Eberan war ein grundsätzlicher Gegner der Kegelquerschnitt-Kurve
36) Zu den Umbauplänen für Berlin siehe: Hans Stimmann/Thomas Nagel: »Berliner Ringstraßenplanungen«, Institut für Stadt- und Regionalplanung an der Technischen Universität Berlin, Berlin 1982
Hans Stimmann/Gerhard Pöschgen: »Metropole, Industriekultur in Berlin im 20. Jahrhundert«, München 1986
Frank Werner: »Stadtplanung Berlin, Theorie und Realität von 1900 bis 1960«, Berlin 1978
Rudolf Wolters: »Stadtmitte Berlin«, Tübingen 1978
37) Stimmann/Nagel, a.a.O., p. 15
Hans J. Reichhard/Wolfgang Schäche: von Berlin nach Germania, über die Zerstörungen der Reichshauptstadt durch Albert Speers Neugestaltungsplanungen«, Katalog zur Ausstellung des Landesarchivs Berlin, Berlin, 1984
38) Leo Casagrande T. A. Wheeler: »Sprengen, ein einfaches Hilfsmittel zur raschen Stabilisierung von Straßendämmen auf weichem Untergrund« in: Die Straße, 1934, p. 184
Leo Casagrande/Peter Siedek: Moorsprengungen beim Bau der Reichsautobahn« in: Die Straße, 1935, p. 614
»Eröffnung des Avus-Zubringers zum Berliner Ring« in: Der Straßenbau, 19/1940, p. 268
39) Bernd Polster: »Tankstellen. Die Benzingeschichte«, Berlin, 1982, p. 81
40) »Holzschilder gegen die Wirklichkeit«, Der Tagesspiegel, 9. 10. 1947
41) Der Spiegel, 9. 3. 1950, sowie mehrere Berichte im Tagesspiegel vom Januar 1950
42) Der Tagesspiegel, 14. 9. 1950
43) Der Tagesspiegel, 22. 4. 1951
44) Hellmut Seier: »Die Eisverkäufer üben schon« in: Der Tagesspiegel, 12. 5. 1951
45) Der Tagesspiegel, 13. 5. 1952
46) Der Tagesspiegel, 13. 3. 1952
47) »Am Bahnhof Grunewald sollen Villen fallen«, Der Tagesspiegel, 25. 8. 1963
48) Der Tagesspiegel, 8. 11. 1974
49) Der Tagesspiegel, 3. 10. 1974
50) Der Tagesspiegel, 24. 6. 1975
51) Der Tagesspiegel, 26. 11. 1980

AUTOREN-BIOGRAPHIEN

Gert Rietner, 1951 geboren und in Berlin aufgewachsen, studierte Germanistik und Publizistik, arbeitete zunächst in einer PR-Agentur und lebt seit neun Jahren als Journalist in Berlin.

Ulrich Kubisch, geboren 1951 in Berlin, studierte in Zürich und Berlin Geschichte und Slawistik. Nach dem Examen und dem Volontariat in einem Hamburger Zeitschriftenverlag ließ er sich zunächst in Berlin als freier Journalist nieder. Heute ist er Mitarbeiter des »Museum für Verkehr und Technik« und verfaßt regelmäßig Beiträge zu automobilhistorischen Themen für Tages- und Wochenzeitungen.
Bei Elefanten Press sind von ihm bisher erschienen: »**Borgward** – Ein Blick zurück auf Wirtschaftswunder, Werksalltag und einen Automythos«, »Motor**Roller** mobil – Vom zivilisierten Zweirad zum Fast-Automobil – Eine Geschichte der Massenmotorisierung« und »AllerWelts Wagen – Die Geschichte eines automobilen Wirtschaftswunders« sowie »Omnibus-Haltestellen für Alle«.

INHALT